我们一起解决问题

供应链创新管理译丛

[德] 莉迪娅·巴尔斯 (Lydia Bals)
[美] 温蒂·L. 泰特 (Wendy L. Tate)
[美] 莉萨·M. 埃拉姆 (Lisa M. Ellram) 著

晏妮娜 译

SUPPLY
CHAIN
FINANCE

供应链
金融

Risk
Management,
Resilience and
Supplier
Management

风险管理、弹性与供应商管理

人民邮电出版社
北京

图书在版编目（CIP）数据

供应链金融：风险管理、弹性与供应商管理 /（德）
莉迪娅·巴尔斯（Lydia Bals），（美）温蒂·L.泰特
（Wendy L. Tate），（美）莉萨·M.埃拉姆
（Lisa M. Ellram）著；晏妮娜译. -- 北京：人民邮电
出版社，2021.8
　（供应链创新管理译丛）
　ISBN 978-7-115-56632-4

Ⅰ. ①供… Ⅱ. ①莉… ②温… ③莉… ④晏… Ⅲ.
①供应链管理－金融业务－研究 Ⅳ. ①F252.2

中国版本图书馆CIP数据核字(2021)第117961号

内 容 提 要

当下的商业竞争在很大程度上已经不再是企业之间的竞争，而是供应链之间的竞争。
因此，企业必须确保自己的供应链比其他企业的供应链更具竞争力，而供应链金融正是企
业降低财务成本、管控风险、增强弹性，进而增强自身竞争力的重要工具。有鉴于此，本
书作者在介绍供应链金融概念的基础上，详细地介绍了供应链金融的发展历史、应用现
状、实施方法和未来发展趋势。书中提供了经典的供应链金融实践案例，这些案例来自保
赫曼集团、宝马（BMW）和敦豪（DHL）等不同行业中的知名企业。此外，本书还以附
录的形式介绍了营运资本和现金周转周期的相关内容。

本书适合供应链行业的管理人员及企业财务管理人员和金融行业从业人员阅读。

◆　　著　　[德]莉迪娅·巴尔斯（Lydia Bals）
　　　　　　[美]温蒂·L.泰特（Wendy L. Tate）
　　　　　　[美]莉萨·M.埃拉姆（Lisa M. Ellram）
　　　译　　晏妮娜
　　责任编辑　陈　宏
　　责任印制　胡　南

◆人民邮电出版社出版发行　　北京市丰台区成寿寺路 11 号
　邮编 100164　电子邮件 315@ptpress.com.cn
　网址 https://www.ptpress.com.cn
　大厂回族自治县聚鑫印刷有限责任公司印刷

◆开本：720×960　1/16
　印张：15.25　　　　　　　　　　2021 年 8 月第 1 版
　字数：220 千字　　　　　　　　2021 年 8 月河北第 1 次印刷
　　　　著作权合同登记号　图字：01-2020-1540号

定　价：89.00 元
读者服务热线：（010）81055656　印装质量热线：（010）81055316
反盗版热线：（010）81055315
广告经营许可证：京东市监广登字20170147号

本译丛专家委员会名单

（按汉语拼音排序）

西子供应链管理俱乐部
联合创始人
白华芹

中国物流与采购联合会
采购与供应链管理专业委员会委员
郭青松

北京交通大学经济管理学院
物流管理系副教授
黄　帝

南开大学商学院教授
李勇建

中国人民大学商学院教授
宋　华

厦门大学管理学院教授
许志端

中央财经大学商学院教授
晏妮娜

北京工商大学商学院教授
杨浩雄

霍尼韦尔大中华区
物联网终端产品总监
张瀚文

北京交通大学经济管理学院
物流管理系教授
张菊亮

SUPPLY CHAIN FINANCE
Risk management, resilience
and supplier management

序 言

　　就在几年前，与企业就供应链金融进行对话时不得不进行一番宣讲，并用图表来解释供应链金融到底是什么。一些企业很快就明白了这个概念，它们发现如果银行能够提供融资机会，供应链金融至少对它们的一些重要供应商有所帮助；另外一些企业却不知道它们是否值得为供应链金融付出努力。

　　那时，大多数关于供应链金融的讨论集中在如何帮助买方延长付款期限来平衡自身的资产负债表上。当然，每家企业都必须着眼于自身的利益。由金融危机造成的世界范围内的伤痛仍然无法抹去，因此企业将自己的营运资本视为现金来源的做法正确且恰当，尤其是考虑到突发情况会分散其现金来源。在这种情况下，供应链金融主要作为企业社会责任战略的组成部分。

　　如今的局面已经有所改变。目前，大多数企业都已经了解供应链金融的有关内容，讨论更多地围绕"我们应该如何使用"而不是"是否应该使用"而展开。供应链金融越来越多地被视为真正的双赢解决方案。通过将技术平台与金融服务提供商分离，技术提供商彻底地改变了金融服务的提供方式，这意味着供应链金融现在可以服务于所有的供应商。

　　不仅如此，企业已经认识到一个基本事实：在全球化的驱动下，竞争并非存在于企业与企业之间，而是存在于不同的供应链之间。因此，企业必须

1

确保自己的供应链比其他企业的供应链更具竞争力。换句话说，供应链是竞争优势的来源。那种供应商与买方是竞争对手并且都试图超越对方的观念早已过时。

供应链金融已经成为企业工具包的一部分，因为它可以剔除供应链的财务成本。通过确保资金能够在需要的时候流向需要的地方，供应链金融不仅可以节省成本，而且可以降低金融风险，增强金融机构的稳定性和可持续性。

最重要的是，在这个新产品和上市时间至关重要的世界中，供应链金融能够将买方转换为首选客户，这极大地增加了它们在跟供应商谈判时获得改变游戏规则的创新的独家使用权的机会。

我敢说，供应链金融的意义远不止这些。在过去的几年中，来自中国的创新显而易见。其中无疑有技术创新，但又不局限于此。更重要的是，这种创新彻底地重构了商业模式，改变了实物产品的流动，可以交换产品所有权以提供服务，并重绘了现金流图。

可以说，我们正处于这样一个时代的边缘：港口的集装箱船可以完全自动卸载而不需要人力；物联网可以从源头跟踪一袋谷物或一盒微芯片，直到它们到达消费者手中；区块链展现了无可争议的审计追踪和智能合约的应用前景。因此，现在我们看到的是实体、财务和信息供应链的真正融合。供应链金融将不再仅仅是企业工具包的一部分，它将被嵌入商业模式。

在这种背景下，本书是对不断增加的供应链金融文献的一个很有价值的贡献。本书有助于读者对现有供应链金融产生更深入的认识。

荷兰温德斯海姆应用科学大学供应链金融学教授、供应链金融社区主席
米希尔·史提曼（Michiel Steeman）

SUPPLY CHAIN FINANCE
Risk management, resilience
and supplier management

目　录

第 1 篇
供应链金融发展历史与展望

1

第2篇
供应链金融实施方案

第 3 篇
供应链金融实践——案例研究

第 4 篇
供应链金融研究——研究趋势及未来的研究领域

第 1 章

供应链金融：财务可持续性、风险管理和供应链弹性的解决方案

温蒂·L. 泰特（Wendy L. Tate）

温蒂·L. 泰特博士（亚利桑那州立大学，2006 年）是田纳西大学供应链管理系的威廉姆斯·J. 泰勒（William J. Taylor）教席教授和谢丽尔·马辛格尔（Cheryl Massingale）研究员。她向本科生、工商管理硕士、博士和高管培训项目学员教授战略采购课程，她对商业决策在整个供应链中的财务影响感兴趣。她热爱研究，致力于将学术研究成果转化为课堂学习活动以及在全球范围内传播她的研究成果。她的研究方向可以大致归为采购这一主题，她主要研究两个不同领域的业务问题。第一个领域是服务采购领域，包括外包和离岸外包，该研究领域如今已扩展到"回岸"（Reshoring，即让制造业返回本国）。第二个领域是可持续的商业实践，她试图了解如何在供应链和供应网络中推广这些实践。她在许多不同的场合做过演讲，包括学术性会议和实践性会议。她在权威

期刊上发表了多篇研究报告，报告涵盖了多个学科，这些期刊包括《运营管理期刊》（*Journal of Operations Management*）、《供应链管理期刊》（*Journal of Supply Chain Management*）、《加州管理评论》（*California Management Review*）、《麻省理工管理评论》（*MIT Sloan Management Review*）以及其他管理和学术期刊。她是《采购与供应管理期刊》（*Journal of Purchasing and Supply Management*）的主编，并担任另外两本期刊的副主编以及其他期刊的编委与审稿人。她近期与他人合著了一本教科书《采购与供应管理：提高竞争力和客户价值》（*Purchasing & Supply Management：Enhancing Competitiveness and Customer Value*）。

莉萨·M. 埃拉姆（Lisa M. Ellram）

莉萨·M. 埃拉姆是博士、注册采购经理、美国注册管理会计师（Certified Management Accountant，CMA）、俄亥俄州牛津迈阿密大学法默商学院管理系的瑞斯（Rees）教席教授，她取得了供应链运作参考模型职业资格认证。她教授本科生和研究生物流和供应链管理方面的课程。她的主要研究领域包括可持续采购、运输和供应链管理、服务采购和供应链管理、离岸和外包以及供应链成本管理。她在许多学科领域的权威期刊上发表了多篇文章，这些期刊包括《供应链管理期刊》、《管理学会期刊》（*Academy of Management Journal*）、《运营管理期刊》、《加州管理评论》、《麻省理工管理评论》以及其他管理和学术期刊。她与他人合著了七本教科书，最新的一本是《物流管理：提高竞争力和客户价值》（*Logistics Management：Enhancing Competitiveness and Customer Value*），这是一本线上教科书。她拥有会计学士学位，曾在品食乐公司（Pillsbury）担任成本会计、财务分析师和新产品财务经理，之后在俄亥俄州立大学获得博士学位。她从事供应链成本管理方面的教学、研究和写作已经超过 25 年。

莉迪娅·巴尔斯（Lydia Bals）

　　莉迪娅·巴尔斯自 2014 年年初开始担任美因茨应用科技大学供应链与运营管理教授。她同时还是独立顾问、主持人和演讲者。她拥有德国欧洲商学院的博士学位，并于 2008 年成为沃顿商学院和哥伦比亚大学的访问学者。自 2008 年以来，她一直担任丹麦哥本哈根商学院战略管理和全球化系的访问学者。从 2008 年到 2013 年年底，她全职工作于该行业，并担任拜耳作物科学公司（Bayer CropScience，BCS）全球采购部的全球采购解决方案部门主管（负责采购策略，可持续采购，控制，Source2Contract 和 Purchase2Pay 的流程、方法、工具和系统，基准测试及绩效卓越）。此外，她还负责搭建德国、美国、加拿大、法国、印度、中国和巴西的国际采购解决方案网络，负责与供应商共同推广公司的供应链金融计划。在此之前，她曾在拜耳商业咨询公司担任项目经理，负责管理各个职能领域（如销售、研发、控制、采购）和不同国家（西班牙、墨西哥和土耳其）的项目。如今，她的主要研究领域是可持续供应链管理、离岸外包及"回岸"、全球采购以及采购组织和能力。她的作品曾发表在《国际管理期刊》（*Journal of International Management*）、《供应链管理期刊》、《工业营销管理》（*Industrial Marketing Management*）、《采购与供应管理期刊》及其他学术期刊上。

* * *

目前，在整个供应链的财务管理方面存在两种极端情况。一种是集中于应付账款和应收账款的短期行为，并且通常专注于为重点公司（焦点企业）取得最好的结果，而非以整个供应链的结果为导向。另一种极端情况更具整体性，它可能需要也可能不需要金融机构的参与，并通常贯穿整个供应链，专注于应付账款、应收账款、存货、资产管理等方面的营运资本优化。本书共 12 章，这些内容是为帮助定义和说明供应链金融的实际应用而编写的，并强调对贯穿整条供应链的、与资金流相关的所有流程和交易的计划、管理和监控。我们编写本书的初衷是帮助管理者和实践者理解正在不断发展的供应链金融所涉及的理论和实践知识。本书深入研究了供应链金融发展历史、供应链金融实施方案和一些实际案例，并讨论了未来的研究方向。

* * *

引言：供应链金融理论与实践

供应链中的资金流管理是一个需要不断完善定义和理论基础的领域。最近的经济衰退推动了这一领域的研究，特别是关于破产或债务过度杠杆化的研究。另外，外包支出的持续增长进一步催生了对相关解决方案和项目的需求，并促进了其推广。这些解决方案和项目将有助于优化和更好地管理供应链内部和整个供应链的资金流。

现有的研究这个问题的一种方法被称为供应链金融。供应链金融旨在管理供应链中两个或两个以上的组织（包括外部服务提供商），是一种通过计划、指导和控制财务资源的流动，在组织层面共同创造价值的方法。它涉及客户、供应商和服务提供商之间跨公司的财务流动，以便更好地在供应链成员之间分担资金流的风险或共享价值。供应链财务流程、方法和解决方案旨在通过防止有害的成本转移及为全球价值链合作伙伴改善可见性、可用性、交付能力和现金成本来提高财务供应链的有效性。供应链金融的潜在好处包括减少营运资本，以较低的成本获得更多的资金，降低风险，通过供应链加深信任，以及增强交付和盈利能力。

目前，在整个供应链的财务管理方面存在两种极端情况。一种是集中于应付账款和应收账款的短期行为，并且通常专注于为重点公司（焦点企业）取得最好的结果，而非以整个供应链的结果为导向。另一种极端情况更具整体性，它可能需要也可能不需要金融机构的参与，并通常贯穿整个供应链，专注于应付账款、应收账款、存货、资产管理等方面的营运资本优化。财务供应链管理"包括对整个价值链上与资金流相关的所有流程和交易的计划、管理和控制"。

我们有必要从供应链金融的视角开展研究。实例将有助于验证现有的模型和假说，对更具创新性的方案进行解释，并对不同解决方案的接受程度和现状进行考察。同时，供应链金融领域还需要进一步进行理论构建。考虑到打造供应链金融前景有多种解决方案，理论研究应该转向根据供应链的财务绩效和环境变量（如权力结构），为满足供应链多个利益相关者（经济和非经济）的需求，选择最佳供应链金融策略。我们编写本书旨在促进供应链领域的研究发展。本书按照征文投稿和最终提交并录用的结果将 12 章内容分成了 4 篇，即供应链金融发展历史与展望、供应链金融实施方案、供应链金融实践——案例研究、供应链金融研究——研究趋势及未来的研究领域。

本书第 1 章介绍了不同作者提出的对供应链金融的定义，以期建立一些基本原则，目的是为管理者和学术研究人员提供必要的知识。第 1 章的内容为读者阅读后续章节提供了基础。

供应链金融发展历史与展望

第2章"供应链金融：历史及未来方向"根据供应链金融的定义和历史状况对供应链金融的发展阶段做了划分。本章从供应链的角度分析了供应链绩效，提出了能使企业增加现金流、缩短现金周转周期（Cash Conversion Cycle，CCC）和改善营运资本结构的几种方案。本章还通过跨国公司的财务报表说明了如何从企业和供应链的角度观察供应链绩效对单个企业的成本和整个供应链的成本的影响。作者指出，有许多问题都与仅仅关注组织的现金而未关注整个供应链的现金有关。现在的竞争存在于供应链与供应链之间。对组织而言，能够从更加广泛的角度（例如，从风险管理、供应商信誉和忠诚度及总成本的角度）来关注供应链现金的影响是一种优势。

第3章"供应商、客户及企业的财务决策"从财务、会计和经济学的角度对供应链做了研究。作者的观点是，从过去的研究来看，金融领域的研究倾向于从单个企业的角度来研究问题。企业都在给定的市场条件下进行优化，而不太关心其行动（战略）对供应链中其他成员的影响。然而，任何一个经济体均由通过客户和供应商的商流（贸易流）连接起来的行业网络组成。由于企业与其所处的环境之间存在这种联系，金融和相关学科的研究人员有必要研究供应链对企业财务政策和股东回报等的影响。在这一章中，作者讨论了供应链与企业融资决策之间的联系，提供了从一个超越企业的、更广泛的角度在金融范畴内进行研究的示例。作者还研究了财务经理如何应对日渐增多的供应链中断事件。研究得出的结论是，这与企业的重要客户及其对财务决策的影响有关，并表明在财务金融方面的确需要以超越企业的视角开展研究。

第 4 章 "供应链金融：定义、现行观点及未来的研究挑战" 通过研究供应链金融与供应链管理、企业价值与财务绩效之间的联系，对供应链金融做了进一步的解释。作者认为，在研究供应链的财务管理方面时，需要从单纯关注管理成本的短视角度跳出来。本章旨在对 "供应链金融" 一词进行重新定义，揭示其理论的模糊性，并对有关供应链金融的概念的研究进行新的、系统的介绍，以找出研究的空白点。本章还重点介绍了一些新兴领域，如供应链金融牛鞭效应和区块链技术，这为介绍供应链金融实施方案奠定了基础。

供应链金融实施方案

本篇深入探讨了如何利用供应链金融的关键点（管理应付账款折扣、优化现金流、规划财务供应链）找出具体的改进机会。作者用现实证据表明，利用供应链金融中的现有工具来优化供应链绩效的关键机会是存在的。

第 5 章 "为零售供应链协调、优化现金流" 关注的是与供应链金融相关的、在零售行业中发展起来的新角色——零售供应链协调者。零售供应链协调者扮演着零售商与合同制造商和物流服务提供商之间的中介角色。零售供应链协调者可能并不拥有工厂产能或原材料，它只是代表不同的零售商为合同制造商提供资金并进行协调。零售供应链协调者还能代表零售商协调其他增值服务，例如，在合同制造商的工厂中进行产品定制或者当零售商的实际需求低于预期时处理过剩库存。零售供应链协调者需要优化 CCC，并且必须积极主动地管理与零售商和物流服务提供商签订的供应链合同。作者提供了一个数学规划模型，这一模型可用于优化应付账款的履行以及为零售商提供应收账款发票的行为。本章提出的框架和模型也适用于零售供应链协调者管理供应链中的汇率风险。

第 6 章 "管理应付账款折扣，为供应链提供融资机会" 指出，传统的供应链管理强调管理零部件和成品的物流，对资金流的关注则非常有限。作者认为，供应链管理的下一个发展阶段是多个贸易伙伴之间的供应链金融管理。本章讨论了如何在整个财务供应链中管理付款折扣带来的机会。因为某个贸易伙伴的应付账款就是另一个贸易伙伴的应收账款，并且每个贸易伙伴都有其固有优势（例如，不同的加权资本成本或不同的资金获取能力），所以共同努力处理贸易伙伴之间的财务关系（资金往来）将为充分利用每个贸易伙伴的优势从而造福整个供应链提供机会。

本篇的最后一章即第 7 章 "规划并管理财务供应链" 以理解这种资金流动的重要性为基础，探讨了规划和管理供应链金融所需的能力以及如此行事的好处。

供应链金融实践——案例研究

为了补充基于理论或研究的观点，本书的这一篇分享了几个案例研究，以提供实践应用方法和见解。这些案例包括供应链金融风险和由于缺乏对供应链金融影响的整体认识而面临的决策挑战。

本篇的首章即第 8 章 "供应链金融与网络风险：一个描述性的案例研究" 探讨了重要的网络安全议题。虽然大多数人都知道网络入侵会造成运营上的干扰和中断，并威胁一个组织的声誉，但他们没有意识到网络漏洞也会威胁一个组织的 CCC。本章以保赫曼集团（Paul Hartmann）意大利公司为例，深入介绍了一家公司如何看待和管理网络风险及其对供应链金融的影响。该公司在几年前遭受了一次勒索软件攻击（即通过劫持数据或系统向公司勒索钱财），但它事先已经做好了准备，升级后的备份系统帮助它在两个小时内就从攻击中恢复过来。该公司对网络安全和供应链金融的担忧在于他们认为信用评级可能下降、公司和客户财务数据的可见性不足以及数据可能被篡改。本章讨论了这些问题以及其他战略威胁和保障措施。

第 9 章"宝马的商品风险管理：价格指数与合同"针对宝马汽车公司原材料管理部为集中和降低与采购相关的财务和运营风险而进行的流程创新提出了见解。由于认识到财务和业务风险往往是由具有不同目标的不同职能单位和业务单位管理的，宝马开发了一个框架，通过基于价格指数和价格指数合同（Index-Linked Contract，ILC）的激励合同和风险管理来调整优先事项。正如本章所述，采用市场交易指数、市场价格指数和市场价格评估的流程有助于改善供应链整合、供应商关系以及财务和运营风险的联合管理。

本篇的最后一章即第 10 章"从业务伙伴的视角看供应链决策的挑战"，由敦豪（DHL）的两位财务总监撰写，他们经常参与敦豪重要合同的谈判，因此，他们对客户普遍存在的有关供应链金融和成本管理的误解有更广泛的认识。他们分享的问题在很大程度上归因于客户在进行财务方面的谈判时所采用的方式都基于不恰当或狭隘的动机，而没有从整体的角度来考虑结果。本章提供了几个由不完整的数据及短期导向驱动的决策示例，以及如何改进这些决策、在何种情况下进行决策改进的建议。本章的目标是提供理解层面的帮助，避免其他人因采取类似的方法而取得不好的结果。例如，强调短期条款的影响，尤其是与延长付款期限相关的条款，将导致人们无法了解一个决策的真正总成本，甚至无意间以降低客户服务水平来换取低价。这些例子可能有助于人们向组织内的其他人解释什么时候使用了不恰当的方法，并有助于解释如何从整体的角度做出供应链财务决策。

供应链金融研究——研究趋势及未来的研究领域

为了涵盖研究趋势并激发创新研究思路，第 11 章和第 12 章提供了关于供应链金融的两个补充视角。第一种视角考虑了不同的环境，即把自然生态系统作为供应链金融进一步演化发展的灵感来源。第二种视角考虑了新技术带来的机遇，即如何利用区块链在典型的贸易融资领域发挥杠杆作用。

第 11 章"探索供应链金融生态系统的碎片化"从生物模拟的视角探讨了供应链金融的发展状况。作者认为，通过信息技术（Information Technology，IT）增强的连通性和加强的信息流是促使供应链生态系统进化的核心。然而，供应链金融的进一步发展及信息流透明化的主要障碍是当前供应链金融生态系统的碎片化，其将限制供应链金融被更广泛地运用。本章从供应链金融生态系统和自然生态系统的比较中推导出了应对供应链金融生态系统碎片化的可行方案。

本书的最后一章是第 12 章"区块链驱动供应链的基本前提和价值驱动因素：贸易融资的经验"。考虑到区块链技术最近得到了大量宣传，作者强调了其基于分布式账本的潜力。这种账本可以在供应链运营和贸易融资的背景下实现高效的交易处理、交互和自动化。作者强调，将所有相关的数据流数字化不仅可以显著地增强交易流程的功能性，还可以通过消除一些冗余流程来改进监控措施。

总结与展望

未来我们将何去何从？本书的 12 章内容为我们更好地理解如何定义和管理供应链中的资金流提供了一个起点。最近的经济衰退促进了对这一主题的研究，因为整个供应链中的破产和债务的过度杠杆化使商品和服务的流动面临中断的风险。此外，外包支出的持续增长和应付账款周转天数（Days

Payable Outstanding，DPO）的增加进一步催生了对相关解决方案及项目的需求，并促进了其推广，这些解决方案和项目有助于优化和更好地管理供应链内部和整个供应链的资金流。供应链金融带来的一个积极变化是，人们开始从企业间的视角延长付款期限和最大化企业的资金流，包括与客户、供应商和服务提供商的资金流，以更好地在供应链成员之间实现资金流的价值共享和风险共担。

　　本书定义和描述了供应链金融。我们的理念是要让我们的供应链和我们的组织一样优秀。在当今的环境中，竞争发生在供应链与供应链之间。供应链财务流程、方法和解决方案将通过预防有害的成本转移及为全球价值链合作伙伴改善可见性、可用性、交付能力和现金成本来提高财务供应链的有效性。本书展示了这些供应链金融工具及这些工具的实际应用。有效的供应链金融方案有许多好处，本书各章分别讨论了这些好处。本书的愿望是让人们对供应链金融的概念和应用产生兴趣，这样学者和实践者就可以进行更多的研究和应用，推动这个领域向前发展，从而改善整个供应链。

SUPPLY CHAIN FINANCE

Risk management, resilience
and supplier management

第 1 篇
供应链金融发展历史与展望

第 2 章

供应链金融：历史及未来方向

莉萨·M.埃拉姆

温蒂·L.泰特

瑞安·费尔南德斯（Ryan Fernandes）

瑞安·费尔南德斯是一位产品管理及战略专业人士，在金融服务领域拥有超过 12 年的工作经验。近年来，他在澳大利亚和新西兰银行（Australia & New Zealand Banking Corp，ANZ）负责开发供应链金融功能，并将其部署到 ANZ 网络中的 30 多个国家中。他与 C 级企业客户合作，筹划和实施了在英国、澳大利亚及亚洲和北美洲总价值超过 20 亿美元的国内和跨境供应链金融计划。在职业生涯中，他看到了大型企业和中小型企业都在努力优化营运资本、降低供应链风险和提高运营效率。他能够提供供应链金融解决方案，为企业应对这些挑战提供巨大的帮助。最近，他在一家金融科技（Financial Technology，Fintech）初创企业工作，建立了以创新技术和独特融资模式为基础的供应链金融线上市场。

他经常在各种会议中演讲，并发表了多篇有关供应链金融、Fintech 和产品开发的文章。

* * *

本章首先介绍了供应链金融的定义和供应链金融兴起的简要历史，随后从供应链视角深入供应链金融，提出了帮助企业增加现金流、缩短 CCC 和优化营运资本的可行性方案。本章通过跨国公司的财务报表展示了如何从公司和供应链的角度来观察供应链金融对单个企业的成本和整个供应链的成本的影响。然后，本章深入研究了一些问题，这些问题与仅仅关注组织现金的影响而未关注供应链现金的影响相关。对组织而言，从风险管理、供应商信誉和忠诚度及总成本的角度更全面地看待供应链现金的影响可能是有利的。最后，本章提出了通过改善信息、资产共享及供应链金融解决方案来改进整个供应链的现金管理的建议。

* * *

引言：供应链金融是一个新兴概念

本书第 1 章对书中各章内容做了概述，并对供应链金融的出现提出了一些看法。本章旨在为本书提供一些基本定义和思路。本章以供应链金融并非孤立于更广泛的供应链关系之外的枯燥的金融工具和方法为前提，聚焦于供应商与客户的关系，以及供应链金融是如何支持这些关系的。供应管理部门应该在组织的供应链金融解决方案中发挥重要作用，包括开发和应用各种融资工具。

本章首先重点介绍了应付账款，然后将其与端到端的供应链金融方案进行对比。随后，本章简要介绍了延期付款条件和供应链金融最近是如何受到关注的，以及当我们从企业的角度而非供应链来看待供应链金融时，它会对单个企业的成本和整个供应链的成本产生什么影响。

本章还提供了一个简单的例子来说明组织如何增加现金和营运资本，以及现金和营运资本之间的区别（附录 A 和附录 B 提供了关键术语的定义）。本章用跨国公司的财务报表向读者展示观点，并将观点变为现实。

本章有一节说明了只关注组织而非供应链的现金和营运资本状况所带来的风险，提出了有关更全面地看待供应链金融可能对组织有利的建议，介绍了一种通过整个供应链改进现金管理的整体观点，包括针对库存进行供应链营运资本融资，并回顾了供应链资金的各种来源——银行、自筹和 Fintech。

本章以"我们将何去何从"一节作为结尾，这一节涵盖了几个重要的主题，并通过提出我们在这个新兴领域还无法回答的重要问题为未来的研究打开大门。

供应链金融既可以被视为救世主，也可以被视为恶魔。但实际上，它两者都不是。什么是供应链金融？这个问题的答案仍在演变。我们似乎可以将全球供应链金融论坛提出的定义作为标准，即利用融资及风险缓解措施和技术来优化对在供应链和交易中所投入的营运资本和流动性的管理。供应链金融通常被应用于赊账交易，由供应链事件触发。潜在贸易流的可见性（由金融服务提供者提供）是这种融资安排的必要组成部分，这可以通过技术平台实现。

如今，可以说集中于贸易应付账款的定义只是供应链金融的一个方面。

组织和研究人员想要探索与供应链相关的营运资本和现金流的所有要素。本章从更广泛、更全面的角度来考虑供应链金融对供应链的影响，及其对供应链内各种支出、付款和投资的影响，包括库存和长期的供应链投资。

了解一点历史：是什么让现金和营运资本如此重要

2008 年的金融危机极大地促进了人们对现金流问题的认识。从那时起，营运资本优化就成了企业内部的财务团队和最高管理层及外部的分析师和投资者考查企业的一个关键指标。

在金融危机中，银行紧缩信贷，破产企业数量增加，特别是中小企业的债务成本增加（通常是它们的大客户的两倍多）。与此同时，许多组织开始大幅延长付款期限，这给较小的供应商带来了巨大的压力，并对它们的现金流造成了严重的不良影响。此次危机过后，巴塞尔银行监管委员会（Basel Committee on Banking Supervision）制定的《巴塞尔协议 Ⅲ》（Basel Ⅲ）出台了针对银行的额外监管措施，以加强银行体系建设。这项改革要求银行提高其持有的资本的水平。这些因素对中小型企业的债务融资成本产生了负面影响。在过去数年里，银行进一步减少了对中小型企业的贷款，中小型企业的借贷成本增加。在美国，中小型企业贷款占所有银行商业贷款的比例从 35% 降至 24%。在欧元区，中小型企业的借贷成本（例如，将数额更大的贷款分期偿还）增加了 150%。接下来，本章将通过一些关于现金和营运资本的例子来说明这些影响。

如何增加现金和营运资本

从严格意义上讲，现金流是指流入企业和流出企业的资金总额。现金是一种不会贬值的流动资产，它与其他可在一年内转为现金的短期资产共同构成流动资产。如果你需要立即变现，非现金流动资产在变现过程中通常会损失一些价值。如表 2.1 所示，营运资本等于现金与其他短期资产之和与一年内需要偿还的债务的差额。

表 2.1　营运资本

流动资产	流动负债
现金（及现金等价物）	一年内到期的应付账款
存货	一年内到期的长期债务的流动部分
一年内到期的应收账款	短期债务
有价证券	应计负债
预付费用	—

债券持有人、股票市场分析师和股东都希望公司拥有充足的营运资本，并且最好是现金，因为这意味着公司可以在债务到期时进行偿还，并能通过提高资产流动性来应对不利的财务意外。

现金甚至比营运资本更受欢迎，因为现金的价值是明确的，即票面价值，而资产则可能不得不亏本出售，或在紧急情况发生时用于溢价清偿债务。一直以来，公司的资产流动性和财务稳定性都很重要，但在最近几次经济衰退之后，情况发生了变化，这使得公司的资产流动性面临着比以往任何时候都要严峻的考验。CCC 已经成为衡量公司能否更好地管理现金流波动的一个关键指标。该指标表示公司投入资源并将其转换为现金所花费的时长，通常等于存货周转天数加上应收账款周转天数（Days Receivables Outstanding，DRO），再减去 DPO。

对 CCC 各个组成部分的管理对维护供应链关系具有战略意义。表 2.2 展示了四家零售商的 CCC。在行业内部和不同行业之间，现金管理方式存在差异。下面将讨论现金周转周期的各个组成部分。

表 2.2　现金周转周期（以 2016 年年底为例）

项目	亚马逊 （Amazon）	开市客 （Costco）	塔吉特 （Target）	沃尔玛 （Walmart）
销售额（百万美元）	135 987	116 073	69 495	478 614
销售成本（百万美元）	88 265	102 901	48 872	360 984
期初存货（百万美元）	10 243	8 908	8 601	45 141
期末存货（百万美元）	11 461	8 969	8 309	44 469
应收账款（百万美元）	8 339	1 252	346	5 624
应付账款（百万美元）	25 309	7 612	7 252	38 487
库存天数	44.26	31.27	62.28	44.68
销售天数	22.08	3.88	1.79	4.23
付款天数	103.23	26.63	53.42	38.38
总计（CCC，单位：天）	（36.89）	8.52	10.65	10.53

从历史的角度看应付（应收）账款

一家公司想要改善其现金状况并不是什么新鲜事。一种方法是提供各种类型的现金折扣，如果买方选择在较早而非较晚的日期付款，就可以获得规定的折扣。这样做一方面可以让收款人更早地收到账款，以改善其现金状况，另一方面也可以降低买方日后无法付款所带来的风险。为了实现这一点，公司可提供商业折扣条件。例如，"1%（5），净 30"意味着，如果买方在 5 天内付款，就能获得发票金额的 1% 的折扣；如果买方在 30 天内付款，则应支付发票的全部金额。买方将根据自身的资本成本、当前的现金需求、快速支付的能力及对获得折扣后的实际成本的理解，决定是否在 5 天内付款。

通常，我们认为资本成本是按年计算的（如年利率 10%）。下面我们看一些折扣条件，并将其折算为年折扣率（见表 2.3）。这是一种贸易信贷形式，通常由供应商向买方提供，以鼓励买方提前付款来换取有吸引力的折扣，这也是供应商改善自身现金流的一种方式。

表 2.3　折扣付款条件

条件	折扣期（天）	折扣期数（每年）	折扣期数 × 折扣率 = 等价年化折扣率
1%（5），净 30	30-5=25	360÷25=14.4	14.4×1%=14.4%
2%（15），净 60	60-15=45	360÷45=8	8×2%=16%
2%（10），净 30	30-10=20	360÷20=18	18×2%=36%
净 45	—	—	—

然而，在 20 世纪 90 年代和 21 世纪初，许多公司开始为其供应商制定标准的合同条款。这时，提前付款的选项并非由供应商提出，而是由强势的买方支配这些选择。与此同时，一些公司开始将付款期限延长至 45 天甚至 60 天，这在 2008—2009 年变得很普遍。然而，当时常见的做法只是简单地延长付款期限，并未给供应商一个要求提前付款的机会。这样做是因为买方希望更长时间地持有现金，好让自己在投资者眼中更有价值，并为自己的资产流动性的变化提供缓冲。表 2.4 是前面提到的一个关于应付账款如何影响四个不同组织的现金状况的例子。下面的讨论将说明仅一天的付款期限变化如何影响买方的现金状况。

从表 2.4 中可以看出，如果亚马逊将其付款天数从 103.23 天增加到 104.23 天，则其一次性现金流入为 2.452 亿美元，CCC 将从 36.89 天变为 37.89 天。这相当于它从供应链中借入了 37.89 天的现金。

2009 年年初，全球饮料巨头帝亚吉欧公司（Diageo）将其对供应商的付款期限从 30 天延长至 60 天，而且没有向供应商发出任何预告或给出补偿。

这为帝亚吉欧公司在私营企业论坛"耻辱柱"中赢得了一席之地。加入其中的还有百威英博啤酒集团（AB InBev）。这家企业在 2009 年 1 月经济衰退最严重的时候将付款期限从 30 天延长至 120 天，而且仅仅提前不到一个月向供应商通知该新条款，这让供应商完全没有时间准备。许多其他的大公司，如强生（Johnson & Johnson）和乐购（Tesco），则利用了这次"完美风暴"，通过延长之前协商好的、合同中写明的期限来留存现金，并强势地监控债务人的收款情况。

表 2.4　应收账款对现金状况的影响（以 2016 年年底为例）

项目	亚马逊	开市客	塔吉特	沃尔玛
销售成本（COS，单位：百万美元）	88 265	102 901	48 872	360 984
每日现金释放量 （COS/360，单位：百万美元）	245.2	285.8	135.8	1 002.7
付款天数	103.23	26.63	53.42	38.38
总计（CCC，单位：天）	（36.89）	8.52	10.65	10.53

很多改善现金状况的方法存在的问题

有些企业必须偿还债务，并向供应链进行资本投资。它们应该是哪些企业呢？是支付能力最强、以最低的资本成本获得最佳交易的企业，还是最弱的、没有其他选择、可能承担高昂债务成本的企业？如今，许多供应链的问题在于，它们是建立在后者的基础上的——没有人愿意承受的负担被推到了最薄弱的一环上。如果实力较弱的企业承受这一负担，会发生什么呢？图 2.1 列出了部分潜在风险。

> - 供应商可能无法获得信贷
> - 供应商可能不得不以极高的利率获得信贷
> - 供应商可能不得不提高价格以覆盖债务成本，这会使它们作为供应链成员的吸引力下降
> - 供应商可能无法获得所需的资金，这可能会损害它们的供应能力（如质量、速度、灵活性）
> - 供应商可能会因为服务水平低或信用评级差而失去其他客户
> - 供应商可能不得不申请破产
> - 供应商可能会选择放弃你这个客户
> - 供应商可能会为你提供低质量的服务，这会使你失去首选客户的地位

图 2.1　将债务推给供应商所带来的部分潜在风险

大多数供应商可能会先审查自己的流程，并通过减少一切浪费来节约现金。它们可能不得不通过使用昂贵的信用额度或向自己的供应商延长付款期限来获得现金。再或者，它们可能不得不选择保理业务，这种成本高昂的业务通常涉及出售公司的应收账款，其中约 80% 的现金会立即预付，而如果债务到期时没有得到偿还，保理商往往具有对债务卖方的追索权。与面向消费者的发薪日贷款没有什么不同，保理业务通常被视为最后的财务选择，而且这种融资方式会给公司带来负面影响。因此，这类融资的年利率高达 12%~36%，甚至更高。总之，这会给公司带来敌意，因为所有公司都要关心自己的资产流动性，它们不希望被迫为其他企业提供资金。

从供应链视角考虑资金流、营运资本和现金

如果你是中小型企业，你的客户决定延迟付款 60 天，这会给你带来多大的影响呢？获得银行融资对这些中小型企业来说非常困难，它们的资本成本通常为 16%，在极端情况下甚至可能高达 50%。

鉴于亚马逊的税前债务成本约为 3.3%，而股本成本约为 10.5%，它的资本成本明显低于中小企业。假设中小企业的平均债务成本为 15%，那么亚马逊的供应链将付出的成本约为 253.09 亿美元（假设近似于平均应付账款余额）× 16% 的资本成本 = 每年 40.49 亿美元。这些成本由某种方式的融资费用承担，或者由供应商承担，而不是像亚马逊的大多数客户一样购买后立即付款。

> **如果亚马逊在 30 天而不是 103 天内向供应商付款，会有什么不同？**
>
> 30 天 ÷ 103 天 × 融资成本 40.49 亿美元 = 应付融资成本 11.79 亿美元
>
> 或
>
> 40.49 亿美元 − 11.79 亿美元 = 供应链中减少的应付融资成本 28.70 亿美元

在供应链中的某个地方，某些企业正在承担这些成本，可能部分是供应商，部分是亚马逊，部分是终端客户。延迟向供应商付款让亚马逊可以有更多的现金用于投资、开设配送中心或进行扩张。2016 年年底，亚马逊拥有超过 190 亿美元的现金和现金等价物，比 2015 年增加了 34 亿美元。这些现金放在供应商手里可能比放在亚马逊手里更有价值。采用供应链视角将改变你对现金管理的看法。考虑到亚马逊本身可能并不"需要"现金，也许这就是它现在以较低的成本将款项预支给一些供应商的原因，但它们只占全部供应商的约 1%。显然，大多数供应商必须找到能有效地应对延期付款的方法。对供应链来说，延期付款可能意味着供应商面临更大的财务危机和不稳定的风险，而这反过来可能会影响亚马逊为其客户提供服务的能力。并且，这可能会影响供应商的信誉。沃尔玛的平均付款时间约为 38 天，但在最坏的情况下，对于进展缓慢的项目的供应商，沃尔玛会将付款期限延长至 90 天，然后为这些供应商提供供应链融资解决方案。

从表面上看，在不提供相对低成本的融资渠道的情况下，延长向供应商付款的期限似乎会增加供应链的总成本。对亚马逊这样的公司来说，2016 年是其利润较高的一年，税后利润为 23.71 亿美元，而延长付款期限所产生的供应链成本为 40.49 亿美元，这一成本显然是有重大影响的。

更好地解决整个供应链的现金管理问题的潜在方案或方法

有什么别的方法可以释放供应链现金流，优化相关各方要承担的成本吗？正如前文提到的，亚马逊手头有大量的现金，也许它和类似的公司应该考虑为供应商的应付账款提供融资（即提供供应链金融解决方案），或由银行或其他第三方提供逆向保理。

供应链金融可以发挥什么作用？从本质上讲，它允许供应商在其希望以贴现金额收回应收账款未偿余额时获得付款。这一过程涉及电子发票和托管支付平台①，其中的信息由提供融资的买方、供应商、银行或其他托管机构共享。贴现利率是由基准利率（如 LIBOR②）与保证金（反映了银行在买方信用评级下的风险边际，也反映了银行从该项目获得的收入）的组合确定的。它可能是由买方发起的，在这种情况下，供应链成员可以根据买方的信用评级、成本或贷款获得资金，这笔资金往往比供应商凭借自身的信用评级、成本或贷款获得的资金少得多，尤其是当供应商是中小型企业时。

---

① 该平台可以由银行托管，也可以由收取少量费用的第三方托管。
② 即伦敦同业拆借利率（London InterBank Offered Rate），按每年 360 天计价。

图 2.2 展示了一个例子，一家供应商有一笔 60 天到期的应收账款 1 000 美元，则它可以在这 60 天内的任何时间以 3% 的年化折扣率要求银行贴现。这是动态贴现的一种形式，因为支付时间在本质上是动态的。在下面的例子中，供应商选择在第 10 天，即提前 50 天从银行获得付款。一旦它收到付款，应收账款就从其财务报表中消失。银行持有发票，在到期日从买方那里收到付款。银行得到了这笔付款，外加买方支付的金额与它支付给供应商的金额的差额（1 000 − 995.83）。图 2.2 展示了这一过程的时间线，计算结果详见表 2.5。

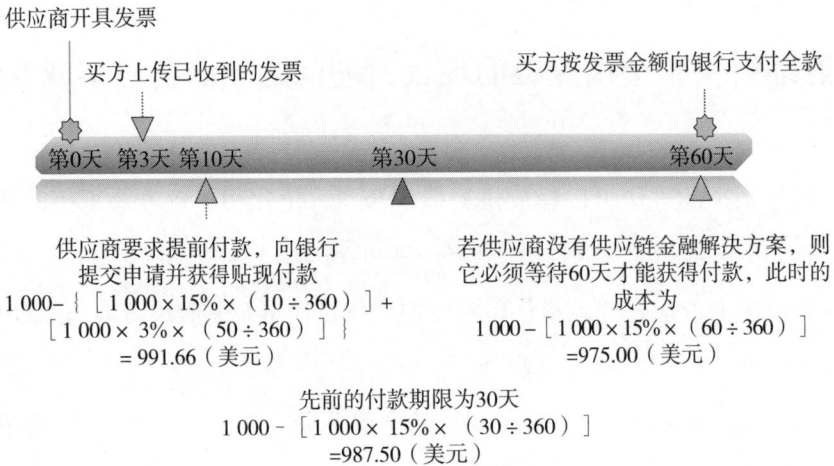

供应商开具发票

买方上传已收到的发票

买方按发票金额向银行支付全款

第0天　第3天 第10天　　　　　　第30天　　　　　　　　　　第60天

供应商要求提前付款，向银行
提交申请并获得贴现付款
$1\,000 - \{[1\,000 \times 15\% \times (10 \div 360)] +$
$[1\,000 \times 3\% \times (50 \div 360)]\}$
$= 991.66（美元）$

若供应商没有供应链金融解决方案，则
它必须等待60天才能获得付款，此时的
成本为
$1\,000 - [1\,000 \times 15\% \times (60 \div 360)]$
$= 975.00（美元）$

先前的付款期限为30天
$1\,000 - [1\,000 \times 15\% \times (30 \div 360)]$
$= 987.50（美元）$

图 2.2　买方主导的支付方案

买方在对供应商提供的货物或服务感到满意之前，不会提前付款。反之，买方会授权银行向供应商付款，并在发票到期日向银行支付付款项。这种方法的优点在于，与供应商寻求融资的情况不同，如果供应商已经收到银行的提前付款，而买家没有向银行付款，则供应商没有责任。对一家资本成本为 15% 的供应商而言，它将如何从中受益取决于银行与买家的处理方式。

如果上述方案的融资成本与供应商现在的融资成本差异不是很大，上述方案就可能失去吸引力。在两者的融资成本差异较大的情况下，供应商使用

表 2.5　示例：买方主导的供应链金融解决方案可能使延期条件对供应商产生吸引力

假设	传统条件	新的延期条件	
		无供应链运营资本融资	有供应链运营资本融资
发票额（美元）	1 000	1 000	1 000
付款条件（应收账款融资所需天数）	30	净 60	净 60，在此前任何时间均有折扣
供应链金融融资利率	—	—	每年 3%
供应商现在的融资成本	每年 15%	每年 15%	每年 15%
供应商选择的提前支付日期	—	—	第 8 天
利率成本（美元）=发票额×利率×（天数÷360）	$1\,000 \times 15\% \times (30 \div 360) = 12.50$	$1\,000 \times 15\% \times (60 \div 360) = 25$	$1\,000 \times 15\% \times (10 \div 360)$ ①$=4.17$ $1\,000 \times 3\% \times (50 \div 360) =4.17$ （有效的提前付款折扣） 合计：8.34
好处			
支付给供应商的款项	第 30 天 1 000 美元	第 60 天 1 000 美元	第 10 天 995.83 美元 $[\,1\,000-1\,000 \times 3\% \times (50 \div 360)\,]$
供应商融资总成本与付款的供应链运营资本的第 10 天付款的供应链运营资本融资成本的差别（美元）	12.50-8.34=4.16	25.00-8.34=16.66	—

注：①发票核准后，供应商可以在任何时候请求获得付款。

买方主导的供应链金融解决方案比使用 30 天内获得全额支付的方案获益更多。如果供应商自己寻求融资，融资利率一般会接近自身现在的融资利率，因此就没有买方主导的供应链金融解决方案那么好；而且，如果买方不付款，供应商可能要承担赔偿责任，但这仍然比传统的保理方法好。此外，与应收账款保理业务一样，供应商必须在其财务报表中展示这一未清偿的潜在负债，而在买方主导的供应链金融解决方案中则不需要标明，因为此时是买方对银行有负债。表 2.6 和表 2.7 概述了这种方案对买方和供应商的好处。

表 2.6　买方获得的好处

好处	说明
增加可用的营运资本	买方通常会选择与供应商协商延长付款期限，该方案会使它们更早地这样做，从而腾出资金来投资自身的业务，并偿还更多成本较高的债务来回报股东
降低成本	买方可以选择与供应商协商价格折扣，作为向供应商提供优惠条件和便宜的流动资产的回报，从而降低主营业务成本
管理风险	在其他情况下，实力雄厚的买方可能会选择放弃商定的折扣或延期付款条件，因为它们主要的关注点是如何稳定由众多的初创企业和微型企业构成的供应链，或者它们可能希望让关键的供应商和中小型企业尽可能保持资产流动性。同时，这也是一个提升已有供应商忠诚度的机会
改善与供应商的关系并增强可持续性	大幅延长付款期限的做法正受到密切关注，真正的推动力来自要求道德采购的终端消费者。运用供应链金融向供应商付款可能会带来本质的改变。企业越来越关心供应商的财务状况，因此确保供应链安全已经成为一个强大的驱动力
提高与应付账款相关的业务的效率	技术是供应链金融的基础，例如，连接买方、供应商和银行的电子订购和发票系统可以提高与应付账款相关的业务的效率

表 2.7　供应商获得的好处

好处	说明
增加流动性	通过要求提前付款，供应商可以获得具有成本效益的流动资金
降低融资成本	银行贴现是根据买方而非供应商的信誉来定价的，通常是由一个实力较强的买方预先协商好的，目的是降低交易成本

（续表）

好处	说明
有效地管理风险	将买方无力偿还的风险转移给银行
增强现金流的可见性和可控性	通过使用平台，供应商可以查看已批准的买方发票并要求贴现，以提前获得付款。供应商可以在发票到期日的约 5 天之前的任何时间要求贴现

常见的供应链政策

主导供应链金融解决方案的买方应意识到它们的政策（无论是付款条件、交付期望还是质量要求）对供应商的影响。当它们向供应商提出更多的要求时，它们应制定补偿措施来支持供应链成员。这个方面的一个例子是，沃尔玛在实施供应链金融的过程中，在延长向供应商付款的期限时，会向滞销货物的供应商提供更快速的付款。

请了解你的供应商的财务稳定性，并特别注意不要增加中小型企业和其他可能无法承受压力的企业的付款条件。你可能会导致它们无力支付自己的账单（包括员工工资），从而影响其经营。这可能最终会使你付出更多的成本。例如，美国提出了供应商付款计划；英国则推出了立即付款代码，用于倡导大型企业快速向中小型供应商付款，以防这些大型企业忽视这一点。这些都是企业为了向潜在供应商发出明确信息而采取的自愿行动，企业通过认可和承诺这样的举措来传递积极的信息。

供应管理部门需要与金融或财务部门合作，以便这些部门了解与延长付款期限相关的对企业与供应商的关系、风险、供应商的服务水平和其他绩效的影响。总之，供应管理活动不能孤立地进行。

对资产负债表中的其他项目（资本、库存等）进行融资

延长付款期限并不是买方将现金管理和营运资本的负担转移到其所在供应链中的唯一方式。买方还会要求供应商为它们"持有"库存，这些实际上是寄销库存，即要求供应商购买额外的专门设备、货架和货柜，或要求供应商在买方附近建立仓库等。虽然供应链金融的重点是应付账款（因为其关注度较高），但供应商通常也必须在库存方面投入大量的资金。这些都是供应商融资的形式。在商业报刊中，库存融资被认为是一种工具，因为买方在出售库存之前必须向供应商付款。但最近，这种情况发生了变化。买家希望供应商"持有"库存，直到买方将存货（材料、零部件）用于生产，或将其出售给供应链中的下一个客户。买方转而选择准时制（Just-In-Time，JIT）库存管理方式证明了一趋势，在这种方式下供应商一直持有库存，直到它被用于生产。此外，供应商会更频繁地发运小批量的货物，最后导致供应商的成本显著增加。库存管理原则的改变"节省"了买方的成本，但将这些成本（甚至更多）转移给了供应商。

在这种做法和买方延长付款期限的影响下，供应商感受到了巨大的财务压力，买方对供应商提出的投资其他资产的要求也给供应商带来了财务负担。当供应商选择买方提供的供应链金融解决方案或寻求买方主导的或其他形式的供应链金融解决方案时，应考虑所有这些因素。

潜在的供应链融资解决方案

当供应链中的一个成员有大量的现金且资本成本相对较低时，供应链融

资解决方案很可能是自我融资。如前文所述，买方可以直接与供应商合作，或以银行或第三方平台为中介，自行进行供应链融资。它们提供的费率和条件可能与表 2.6 所示的非常相似。如果买方通过银行办理业务，则它们可以在应付账款到期时才把钱付给银行，从而增加现金和营运资本。如果买方提前直接付款给供应商，则可以节省交易费用（由供应商负责），但提前直接付款给供应商一定会减少买方的现金和营运资本。

如果供应链管理者之一为供应链提供融资，那么银行也可以提供资金，或者充当中间机构，以促进资金在供应链中流动。银行通常与买家合作，以应收账款融资的形式提供供应链金融解决方案，为供应商提供灵活的付款条件。银行可以与大客户合作建立数字系统，对交易及买方、供应商进行尽职调查，以持续执行交易。与非银行金融机构相比，银行受到高度监管，必须在反腐败、反洗钱和流动性等方面遵守更多的法律法规并接受尽职调查。因此，新的参与者（通常被称为 Fintech 公司）已经出现并能填补空白。

Fintech 公司是比银行更灵活的组织，因为它们不受某些规则的约束。多种类型的 Fintech 公司已经提供了大量的产品来满足供应链融资的需求，而且有越来越多的产品正在涌现。为急需现金的供应商提供保理服务的公司已经存在了几十年，它们专门从事高利率融资业务，挑选最具吸引力的应收账款，并以相当于 12%~50% 的年利率对其进行贴现。

在供应链金融中，所有类型的 Fintech 公司都提供灵活、创新的解决方案。由于不受严格的监管，它们在许多情况下可以承办银行无法处理的中小型企业业务，但同时也面临更大的风险。Fintech 公司有很多种，其中一些专注于全球支付业务，另一些专注于特定行业，还有一些专注于 B2C 领域。我们所关注的是供应链 Fintech 公司，它们可以提供数字平台，用于发送发票、请求和接收付款，这使得切换资金来源变得更加容易。当买方不提供供应链金融解决方案时，这些公司提供了一个相对简单且有竞争力的供应链融资解决方案。

纯粹的供应链 Fintech 与反向保理相关，供应商如何在需要时通过应收账款中获得资金？这些 Fintech 公司可以提供像信用额度一样的持续服务，这比代理应收账款的金融机构更具竞争力。

除了应收账款融资，Fintech 公司还可以单独提供库存融资。正如应收账款被用作应收账款融资的现金抵押品一样，存货也可被用作库存融资中的抵押物。

我们将何去何从

未来有许多有趣的研究领域可以推动供应链金融成为主流的管理方案，成为供应链课程的一部分，并成为供应链管理者日常工作的一部分。此外，从学术的角度来看，研究人员必须增强理论洞察力，以结合和阐述现有的理论，并创造有助于解释供应链金融发展中的现象的新理论。我们编写本章内容的目标之一是定义供应链金融所使用的术语和流程，部分原因在于供应链金融对供应链及金融领域的学者和从业者来说确实有重要的意义。

由于买方与供应商之间的关系会给供应链金融的发展带来影响，将社会资本与交易成本理论相结合可能是一个有趣的研究方向。社会资本是经济和文化资本的一种形式，以互惠、信任和合作为基础；而交易成本关注的是在特定关系中产生的成本，交易成本经济学的目标是在组织层面上最小化交易成本。社会资本可能有助于将这种内部的、公司层面的关注更多地转移到外部，并在决策中从供应链方面关注成本。买方与供应商的关系对融资选择和条款有何影响？这些信息应被散布到供应链领域以外的金融和会计期刊上，以帮助扩大供应链金融研究者的视野，而来自金融领域的与供应链金融相关的研究也应出现在供应链期刊上。

开展有关先进技术（如区块链和物联网）对现金和资产管理的影响的研究是很有必要的。区块链正在迅速成为商业中的"金融语言"的一部分，我们已经看到一些来自区块链的想法被应用于全球航运业，但是对于供应链的其他领域呢？买方和供应商之间的关系将因此如何改变？目前在供应链金融中使用的方法会发生什么变化？如果基于区块链技术构建支付平台，成本转换会变得更容易吗？

从实践的角度来看，供应链管理人员需要投入更多以应对付款期限的延长。这种延长将如何影响他们与供应商之间的关系及供应商的绩效？他们应当纳入包含响应性等相关因素在内的平衡测评指标，以评估供应商的绩效；还应进行研究，以寻求可以证明通过提供供应链金融解决方案或不延长支付期限而建立的信誉会影响供应链绩效的证据。

像亚马逊这样的公司可能会发现控制信息和财务有助于它们更好地管理供应链和业务。拥有大量现金储备的公司可能会发现进军金融科技领域是有利可图的。如果发生这种情况，人们就需要同时考虑监管问题和关系问题，因为像亚马逊这样的巨头最终可能会滥用权力。有人能控制这种力量吗？当大型公司开始进入 Fintech 领域时，垂直整合供应链金融会成为可持续竞争优势的来源吗？可以肯定的是，Fintech 将会改变公司在供应链中的互动方式。

关于供应链金融，我们仍有许多需要学习的地方，需要更多地思考其中的风险和益处。Fintech 代表着一个新兴的金融服务行业，监管机构尚未对其进行充分的评估。它有巨大的增长潜力和几乎无穷无尽的颠覆性创新机会，因而被认为是一个充满机遇的行业。我们必须保持开放的心态，并考虑与这一趋势相关的其他风险和稳定性问题，而供应链研究人员和学者们正在探寻关于供应链金融的各种机会。

第 3 章

供应商、客户及企业的财务决策

托马斯·博尔顿（Thomas Boulton）

托马斯·博尔顿博士是俄亥俄州牛津迈阿密大学法默商学院金融系的林德莫尔（Lindmor）教席教授。他向本科生和研究生教授公司财务和投资课程。他的研究领域包括首次公开募股、卖空以及国家级机构对资本市场成果的影响。他的研究成果已在金融、会计、国际商务和创业等领域的权威期刊上发表，这些刊物包括《会计评论》（*Accounting Review*）、《国际商务研究期刊》（*Journal of International Business Studies*）、《金融中介期刊》（*Journal of Financial Intermediation*）、《公司金融期刊》（*Journal of Corporate Finance*）和《小企业管理期刊》（*Journal of Small Business Management*）等。他还曾在世界各地的会议和研讨会上发表研究成果。

马诺吉·库恰尼亚（Manoj Kulchania）

· ·

马诺吉·库恰尼亚博士是密歇根州底特律韦恩州立大学麦克·伊里奇（Mike Ilitch）商学院金融系副教授。他向本科生和研究生教授公司金融和投资课程。他的主要研究领域是现金持有、资本结构、支出政策和市场微观结构。他的文章曾发表在多个权威期刊上，这些刊物包括《金融经济学期刊》（*Journal of Financial Economics*）、《金融与定量分析期刊》（*Journal of Financial and Quantitative Analysis*）、《公司金融期刊》和《金融中介与金融管理期刊》（*Journal of Financial Intermediation and Financial Management*）等。他曾多次在国家级和国际会议上发表演讲。

* * *

本章从金融和相关学科（如会计和经济学）的角度来研究供应链。金融研究往往从企业的角度来看待问题。然而，正如肯尼斯·埃亨（Kenneth Ahern）与加拉德·哈福德（Jarrad Harford）指出的那样，经济是通过客户与供应商之间的贸易流（有时也被称为"产品市场"）连接起来的产业网络。这使得金融和相关学科的研究者开始探究供应链在企业财务政策和股东报酬等方面的影响。在这一章中，我们重点介绍了金融研究者关注的三个方面的文献。首先，我们讨论了供应链与企业融资决策之间的联系。其次，随着时间的推移，供应链中断的概率不断上升，我们着重研究了财务经理对此的反应。最后，我们在结论部分介绍了企业的主要客户及它们对企业财务决策的影响。因为每个方面的基本主题都与供应链和企业风险相关，所以我们还介绍了财务经理为降低风险所采取的策略。

* * *

引言

时任美国福特汽车公司首席执行官（Chief Executive Officer，CEO）的艾伦·穆拉利（Alan Mulally）在 2008 年 12 月 4 日向美国参议院银行、住房和城市事务委员会作证时承认："国内竞争对手中的任意一家倒闭都将威胁到福特，因为我们在供应商网络方面有 80% 的重叠，并且福特将近 25% 的顶级经销商也拥有通用汽车和克莱斯勒的特许经营权。"这表明，一个行业中的许多企业都有共同的供应商网络，因此供应链的问题可能会产生深远的影响。这不仅适用于汽车业，也适用于包括高科技和零售在内的其他许多行业。

供应链重叠的原因之一是经典的李嘉图原理，该原理可用在专业化、机会成本、规模和监管上。这些因素导致了均衡结果，即一个行业内的企业共享大部分技术。在共享经济中，任何一家企业都不可能自行生产自己所需要的一切。企业依赖供应商，并且相关公司的财务健康程度是相互关联的。与这一观点一致的是，一些研究发现股票收益与生产网络成正相关关系。例如，劳伦·科恩（Lauren Cohen）和安德里亚·弗拉齐尼（Andrea Frazzini）及利奥尔·门兹利（Lior Menzly）和乌古斯汗·奥兹巴斯（Oguzhan Ozbas）发现了在同一个供应链中的公司的股票收益存在交叉可预测性的证据，而迈克尔·赫策尔（Michael Hertzel）等人发现了一家公司的破产申请对其竞争对手和供应商的股价有显著的负面影响。

为了展示如何从财务角度看待供应链，我们假设一家供应商将自己生产的产品供应给行业内的五家客户。供应商的财务问题（如高债务负担、财务困境、高破产概率）也会影响其客户。为了进一步说明，假设有两种供应商，第一种供应商的产品是商品化输入，第二种供应商的产品是没有相关替代品的特定输入。

　　如果供应商的产品是商品化输入，那么该供应商可能无法单方面提高价格，因为这样做有可能导致客户转向与其他供应商合作。因此，为了缓解财务压力，该供应商可能会尝试通过降低价格或通过向部分或全部客户提供更有吸引力的付款条件来增加收入。请注意，在这两种情况下，客户都将提取大部分的可收缩盈余，陷入财务困境的供应商将进一步遭受损失。第二种供应商在没有相关替代品的情况下进行特定（差异化的）输入，该供应商可能会尝试提高向客户供货的价格。其之所以敢这样做，可能是因为客户更换提供特定输入的供应商的成本非常高。提高价格在短期内将增强供应商的盈利能力，但从长期来看，这可能会促使其客户寻找替代产品或其他供应商，以及促进供应商的竞争对手的发展。因此，可能影响供应商对财务问题的应对策略的一个因素是它所提供的产品或输入的差异性。生产具有高差异性的产品的供应商面临更少的竞争，利润率更高，并且通常可以更好地利用自己的资本和劳动力。然而，这些供应商需要资金来投资开发先进的技术，并应对来自其他试图赶超的竞争对手的威胁。在下一节中，我们将重点讨论企业的资本结构。

资本结构

　　竞争对企业的资本结构决策具有潜在的影响。资本结构是指企业用来为其运营提供资金的债务和股权的组合。研究表明，当供应商背负着沉重的债务负担，不得不支付高额利息时，它们的竞争对手往往会利用其弱点，在产品市场上更加积极地与之竞争。竞争对手实质上是通过在价格上展开更积极的竞争、进行促销及为客户提供更好的条件来"掠夺"受资金约束的供应商的，所有这些手段都是为了获得市场份额。例如，帕特里克·博尔顿（Patrick Bolton）和戴维·沙尔夫斯泰因（David Scharfstein）指出，因为理性的投资者一般不会为绩效不佳的企业提供资金，所以对其竞争对手来说，与一家陷入困境的企业竞争是可取的，因为这样可以使形势变得更严峻并把这家企业赶出市场。此外，当竞争对手从陷入困境的企业那里获得市场份额时，陷入困境的企业的财务状况会变得更加不稳定，因为它们只能用更低的收入来支付利息。

在两篇有影响力的论文中，詹姆斯·布兰德（James Brander）和特蕾西·刘易斯（Tracy Lewis）假设产品市场与资本结构决策是相互关联的。布兰德和刘易斯提出了关于"有限责任效应"的观点，即杠杆率高的企业会在产品市场中更加积极地竞争。人们的直觉是，当企业成功时，高杠杆企业的股东会从更高的生产水平中受益，而当企业破产时，债权人将承受生产过剩的后果，因此股东倾向于支持更高的生产水平。布兰德和刘易斯引入了破产成本的概念，并提出了"战略破产效应"，它能提供类似的预测。此外，他们还发现一家企业的债务可能导致其竞争对手的生产水平下降。

为了避免陷入财务困境，供应商必须仔细考虑其资本结构决策，因为债务水平的提高会使企业更有可能陷入财务困境，而且沃伊斯拉夫·马克西莫维奇（Vojislav Maksimovic）和谢里丹·蒂特曼（Sheridan Titman）认为企业的资本结构与投资决策直接相关。负债水平高的企业将面临不利的决策选择，例如，一家负担着高额即时利息的企业可能会发现，最好的办法是削减高质量投资从而保留现金并避免立刻陷入财务困境。当企业优先考虑短期现金流需求而不是长期自由投资时，其产品质量往往会受到影响。因此，一家企业的资本结构可能会对其产品质量产生影响。因为财务经理在选择供应商时会关注这些细节，所以企业在做融资决策时很可能会考虑到这一点。实际上，凯蒂·穆恩（Katie Moon）和戈登·菲利普斯（Gordon Phillips）发现，向供应商购买和外包更多业务的企业往往更少使用杠杆，而获得了这些订单的供应商比其竞争对手更少使用杠杆。

托马斯·比尔德（Thomas Beard）在假设股东价值随着产品质量的提高而增加的情况下，建立了财务困境对产品质量的影响的模型，并发现处于财务困境中的企业可能会增加对产品质量的投资。他的研究结果与迈克尔·詹森（Michael Jensen）的研究有关，后者的研究认为，高杠杆对财务经理施加了纪律约束，这对企业绩效产生了积极的影响。由于竞争性产品市场也有类似的纪律约束，因此从长远来看，更激烈的竞争会促使产品质量不断提高。然而，奥梅什·基尼（Omesh Kini）、贾格迪普·希诺伊（Jaideep Shenoy）和文卡特·苏布拉马尼亚姆（Venkat Subramaniam）研究了 2006—2010 年有关于产品召回的详尽样本，发现财务杠杆与召回的发生率和严重程度之间存在直接联系。这使得他们得出结论：高财务杠杆与较低的产品质量直接相关。从长期来看，较差的产品质量对企业及其股东来说代价非常大，因为格雷格·贾雷尔（Gregg Jarrell）和萨姆·佩尔茨曼（Sam Peltzman）以及布拉德·巴伯（Brad Barber）和雅子·达洛（Masako Darrough）都发现产品召回对股票价格有负面影响。

除了影响产品质量，杠杆还可能对企业的可持续性产生影响，例如，一家破产的供应商可能无法履行保修合同或者为其客户提供持续的服务和支持。因此，一家生产需要长期服务和支持的产品的企业，应该选择能够降低陷入困境的可能性的融资决策。与此观点一致，蒂特曼的研究表明，制造耐用产品的企业往往会采用较少的杠杆来增强客户的信心，这使客户相信企业随时有能力为其产品提供服务和支持。蒂特曼和罗伯托·韦塞尔斯（Roberto

Wessels）还发现产品的独特性与较低的杠杆率有关。此外，贾扬·卡莱（Jayant Kale）和侯赛因·沙哈鲁尔（Husayn Shahrur）发现低杠杆率会被当作一种承诺机制，以吸引供应链中的其他企业对其进行特定关系投资。

先前的研究发现，一些行业特征也与资本结构相关。彼得·麦凯（Peter MacKay）和菲利普斯发现，企业在行业中的相对地位会影响其财务杠杆。他们发现，一家企业相对于行业"中位数企业"的资本生产率、该行业中其他企业的行为及该企业的身份（如新进入者、市场主导者或退出者）都是杠杆的影响因素。穆里洛·坎佩洛（Murillo Campello）和苏珊娜·弗吕克（Zsuzsanna Fluck）以企业面临资本市场摩擦为背景，建立了产品市场竞争与融资决策之间的关系模型。在他们的模型中，消费者预期资本市场的不完善可能会迫使供应商破产。消费者转换成本对具有杠杆的供应商的价格和市场份额都有负面影响。破产的可能性还会导致管理人员在抢占市场份额时考虑清算过程的效率。该模型的一个关键观点是，高杠杆率会导致企业损失更多的市场份额。在清算困难的行业中，损失会更大。

产品质量、企业的可持续性与财务杠杆之间的关系表明，客户在选择供应商时应该考虑其财务杠杆。可以肯定的是，企业更喜欢财务状况良好的供应商。如果供应商提供的产品是关键的组成部分，企业甚至可能会投资特定关系资产，从而确保供应商能够渡过财务困境。尽管企业会尽最大的努力在坚实的财务基础上选择供应商，但问题还是会出现。在接下来的内容中，我们将探讨供应链中断及财务经理为最大限度地减少这些影响所采取的策略。下一节将强调供应商扩大贸易信贷对其客户获取资本的影响。

贸易信用

　　前文关于企业杠杆的讨论假设企业采用的是传统的融资渠道，如向银行或其他机构贷款。常见的一种替代方案是贸易信贷，它是指供应商和客户提供的融资。与其他信贷来源相比，贸易信贷融资具有几个优势。罗伯特·施瓦茨（Robert Schwartz）认为，由于互动的频率较高、深度较深，与传统银行相比，供应商可以获得有关其客户更详细、更准确的信息。根据企业的业务潜力、产品质量或战略重要性，贸易信贷可以为企业提供融资。这不同于许多传统贷款机构的主要考虑因素——既有现金流。如果客户意识到了其产品的价值，生产独特产品的小公司甚至在产品开始产生现金流之前，便可能获得贸易信贷融资。因此，贸易信贷可以为那些无法通过传统贷款渠道获得信贷的企业提供信贷渠道，从而缓解其融资压力。与其他金融机构相比，供应商可能更善于评估和控制与客户相关的信用风险。供应商对它们的客户有影响，因为如果客户不付款，它们可以切断其未来获得贸易信贷的渠道。与传统的贷款渠道相比，这可能会更快、更经济地解决争端。例如，如果客户违约，供应商能比银行更好地使用或重新利用抵押品，这就增加了抵押品的残值。

　　贸易信贷的另一个优势是，当仅靠竞争或垄断行为等因素进行差异化定价已经不切实际时，它使供应商能够利用信贷进行差异化定价。贸易信贷有效地降低了产品质量最差的借款人的信贷价格。因此，它允许受资金约束的客户表达原本不会被注意到的需求。史蒂芬·费里斯（Stephen Ferris）的研究表明，如果捆绑收取货款，贸易信贷也可以降低供应商和客户的交易成本。供应商还可以通过分批交货或回收使得从生产到库存的循环更加顺畅平滑。

贸易信贷的主要缺点是成本较高。韦森特·库纳特（Vicente Cunat）认为，相比银行信贷，贸易信贷具有流动性差和风险大的特点，因此贸易信贷溢价较多。与贸易信贷的成本高于银行信贷的观点一致，吴志钧（Chee Kyun Ng）、珍妮特·史密斯（Janet Smith）和理查德·史密斯（Richard Smith）及蕾奥拉·克拉佩尔（Leora Klapper）、卢克·莱文（Luc Laeven）和拉古拉曼·拉詹（Raghuram Rajan）发现，贸易信贷的利率通常比水平相当的银行贷款的利率高得多。因此，将贸易信贷作为主要融资来源的企业，可能需要比从更传统的来源获得资金的类似企业支付更高的资本成本，这就对企业的投资决策产生了影响。

供应链中断

供应链创新使日常工作的处理更加高效，这使得具有全球影响力的企业和供应链显著专业化。此外，供应链创新能让企业持有较少的库存。图 3.1 基于库恰尼亚和肖恩·托马斯（Shawn Thomas）使用的数据，展现了平均现金持有量（占总资产的比例）、平均库存持有量（占总资产的比例）以及 1979—2014 年报告的供应链中断事件的数量。随着时间的推移，库存持有量下降，库存与资产的比率从 1979 年的 0.25 下降到 2014 年的 0.11。值得注意的是，在样本期内，库存持有量几乎一直在减少，这表明在接下来的几年里库存持有量可能会继续减少。

全球供应链允许客户以最实惠的价格从提供产品的市场中采购，从而降低成本，这种市场通常是劳动力成本较低的市场。然而，较长的供应链更有可能出现中断，中断的原因包括自然灾害、事故和劳资纠纷等。图 3.1 显示，

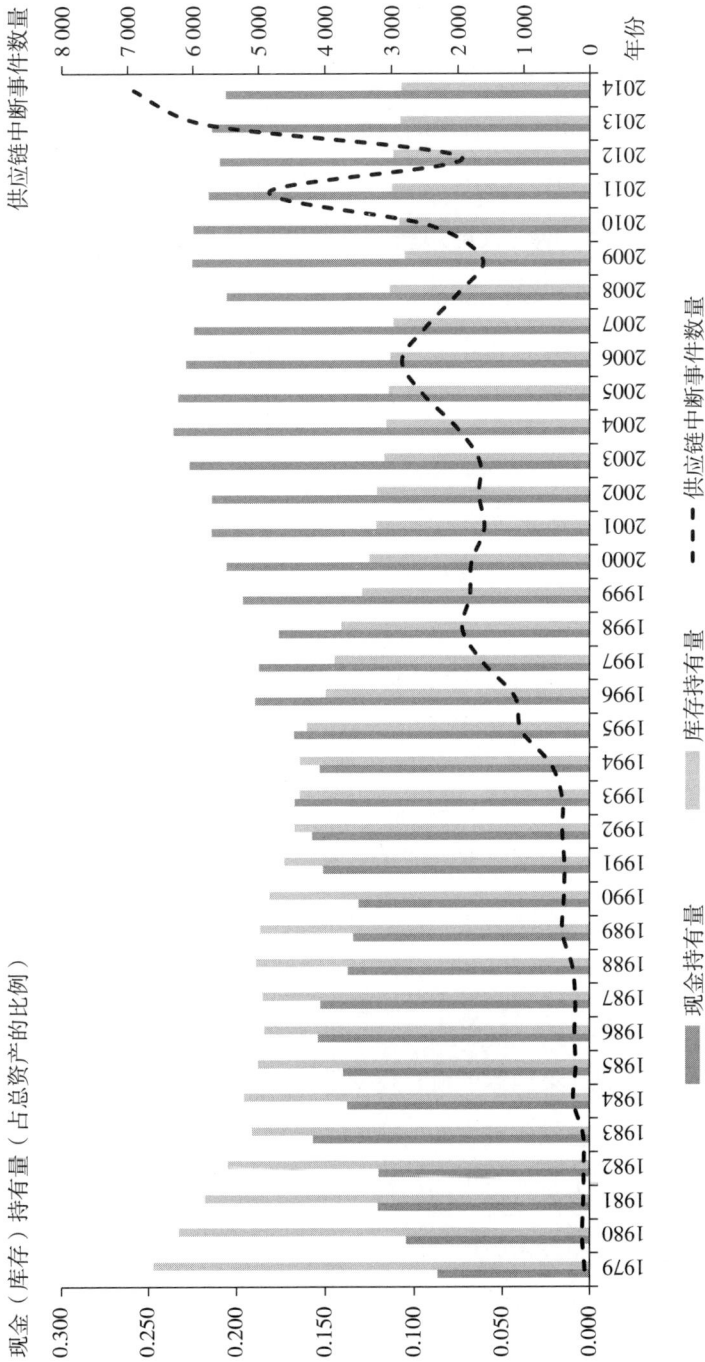

图 3.1 现金持有量、库存持有量与供应链中断事件数量之间的关系

1979—2014 年，供应链中断事件的数量显著增加。具体来说，库恰尼亚和托马斯在 1979 年只记录了 74 个供应链中断事件。然而，2014 年供应链中断事件的数量增加到了 6 902 个。有趣的是，供应链中断事件的数量在样本期的后几年大幅增加，在 2010—2011 年几乎翻了一番，然后在 2011—2014 年又增长了 42%。有证据表明，这种中断对企业及其股东来说代价高昂。例如，凯文·亨德里克斯（Kevin Hendricks）和维诺德·辛格尔（Vinod Singhal）对 1989—2002 年的 827 个供应链中断事件进行了抽样调查，发现企业在宣布供应链中断前后的股票平均收益率为 −40%。他们还发现，供应链中断会产生长期影响，因为企业的股本风险在宣布中断之后的一年中增加了 13.5%。可见，供应链中断是损害股东价值的重大事件。

供应链中断往往伴随着经营亏损。这样的损失会影响企业偿还贷款的能力，这关系到企业的贷款人。巨额亏损可能会严重影响企业的信贷可用性，甚至可能迫使其根据"重大不利变化"条款对合同进行重新谈判或撤销承诺，从而使企业无法使用现有的信贷机会。如果企业计划在发生重大供应链中断事件后立即进行债务融资，它可能会发现自己可获得的信贷条件不再是最优的。如果供应链中断使企业发展核心业务的能力出现问题，甚至会导致其无法使用信用额度。

库恰尼亚和托马斯认为，供应链中断代表着巨大的、具有特质性的风险。由于企业不容易将风险转嫁出去，因此难以对风险进行对冲。从长期来看，企业可以投资建立更稳健的流程以快速应对供应链中断。然而，从短期来看，企业并不能规避供应链中断的风险。传统上，为了降低供应链中断的影响，企业会持有作为关键输入的缓冲库存，将其当作保险，但是复杂的全球供应链、缩短的产品开发周期和高淘汰率可能使得缓冲库存很难完全消除供应链中断所造成的不良影响。

当供应链中断，企业需要立即做出反应时，持有现金可能是为运营提供资金的唯一途径。库恰尼亚和托马斯认为，企业持有的现金是一种灵活的资本来源，在企业遇到供应链中断事件时，现金可以用于支付成本、进行投资和保护企业的市场份额。实际上，他们发现了供应链中断发生率与企业现金持有量之间的联系，并认为企业持有更多的现金能更好地抵消与供应链中断有关的风险。图 3.1 说明了此联系，也就是说，在样本期内，现金持有量与供应链中断事件的数量都有所增加。具体而言，1979—2014 年，平均每家企业的现金持有量（占资产的比例）从 8.7% 增至 20.6%。高晓丹（Xiaodan Gao）在最近的一篇论文中证实了这一点。也就是说，高晓丹发现采用准时制库存策略的企业往往会减少库存并随之增加现金持有量。库恰尼亚和托马斯也发现，现金持有量会因企业是否生产更有差异性的产品、其供应商是否具有闲置的生产能力而发生变化，而且它是专门化投入占公司总投入的比例的函数。

约翰·隆（John Long）和查尔斯·普罗索（Charles Plosser）等人探讨了跨部门联系与商业周期之间的关系。他们将各部门之间的联系确定为经济活动周期性起伏的原因。然而，贸易关税和运输成本的降低及数十年来 IT 的进步，使得企业更容易应对特质性冲击。例如，企业可以调整采购方案，重新安排其生产配合比或者迅速转向与其他供应商合作，从而迅速解决企业层面的特质性冲击。此外，企业在面临供应链中断时，市场中的摩擦及对专业化特定投入的需求可能会阻止其快速做出调整。如果企业在更换中断供应的供应商时面临转换成本，特质性冲击可能会产生连锁效应，而且随着一家又一家的企业受到影响，这种效应会逐渐增强。

实证性证据已经证实，供应链中断具有连锁效应。让 - 诺尔·巴罗特（Jean-Noël Barrot）和朱利安·索瓦尼亚特（Julien Sauvagnat）通过研究自然灾害所造成的供应链中断的样本，了解了供应链中断如何影响受灾企业及其生产网络中的其他企业。他们发现，当关键供应商遭受自然灾害袭击时，企业的销售增长率平均下降了 2~3 个百分点。他们认为，专门性的中间投入是冲击在供应链中传播的关键原因。当供应商过度杠杆化时，冲击会更加严重。有趣的是，巴罗特和索瓦尼亚特发现，供应链中断不仅会对直接遭受冲击的供应商的客户产生负面影响，还会对这些客户的其他供应商产生负面影响。吴迪（Di Wu）发现，供应链中断的影响会进一步扩大，因为距离供应链中断处最多四个连接点的企业的收入往往会下降。因此，供应链中断可以说是重大事件，它不仅会破坏供应链中断处上下游企业的价值，还会影响与供应链中断处有间接联系的企业。供应链中的集中关系有可能加剧破坏的严重程度。下一节将重点介绍考虑集中客户群影响的关键话题。

主要客户：影响、利与弊

美国财务会计准则委员会第 131 号准则要求企业披露占企业收入 10% 及以上的所有客户的名称、收入总额和报告收入部门的身份。杰西·埃利斯（Jesse Ellis）、爱德华·菲（Edward Fee）和托马斯研究了不同企业在 1976—2006 年对主要客户信息的披露，他们发现企业在超过 45% 的财年里确定了一个主要客户。图 3.2 使用该研究数据展示了关于主要客户产生率的时间序列证据[①]。在 1976 年，只有 7% 的企业确定了主要客户。1992 年，披露主要客户的企业的比例达到了 54% 的峰值，2006 年这一比例降至 50%。根据埃

---

① 特别感谢杰西·埃利斯提供了用于研究的数据。

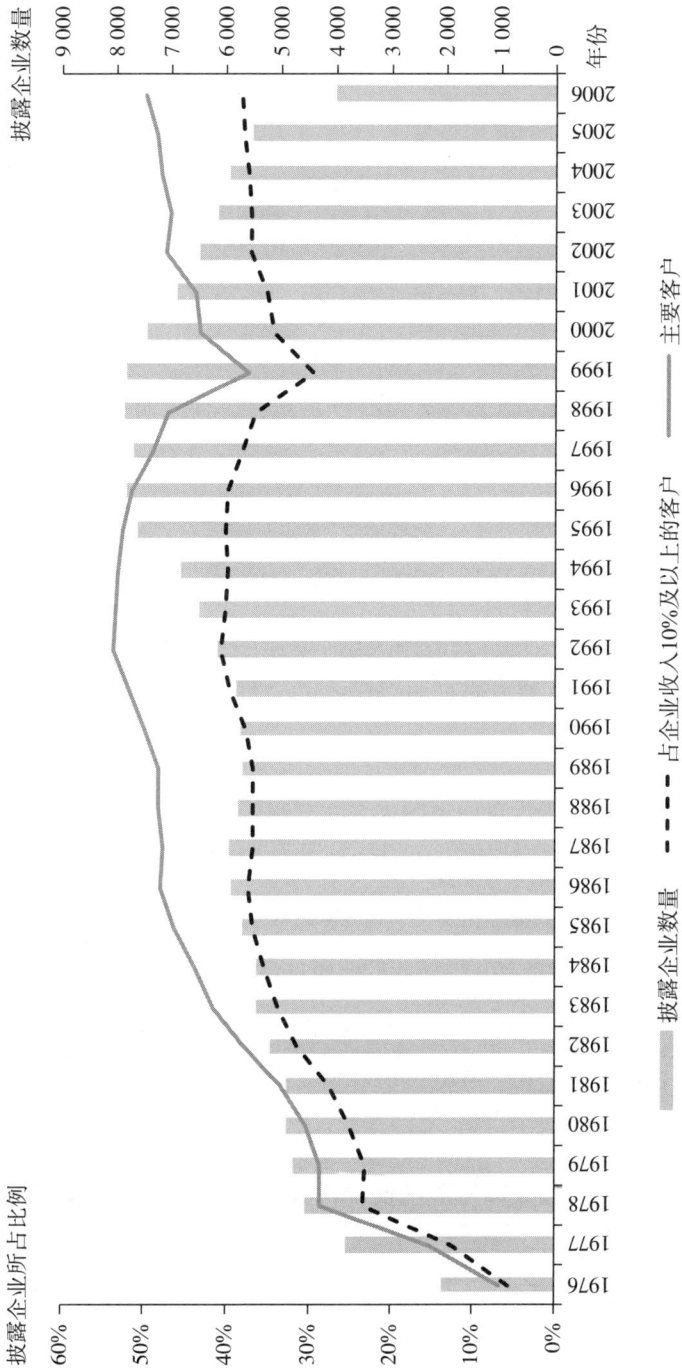

图 3.2　有主要客户的企业的披露情况

利斯、费和托马斯的研究，对那些披露主要客户的企业来说，主要客户数量的平均值（中位数）是1.92（1.0）。他们发现，企业对主要客户的信息披露存在实质性差异。由于披露主要客户会为竞争对手提供关键信息，因此一些企业选择策略性地披露比第131号准则的要求更少的信息。他们还发现，当企业面临更高的劣势竞争成本（如更多的研发支出、广告支出和无形资产）时，以及当企业雇用更多优秀的审计师时，企业更有可能隐藏客户信息。有趣的是，一些企业即使没有达到第131号准则规定的门槛，也会披露主要客户的信息。这一点在图3.2中体现得也很明显。这表明披露重要客户的企业的比例高于披露占企业收入10%及以上客户的企业的比例。这里的主要客户是指由企业披露的所有客户，不论客户占企业收入的比例如何。

金融及相关学科的学者就拥有主要客户的利弊展开了一场辩论。早期的研究倾向于关注主要客户对利润率产生负面影响的原因。由于它们较为重要，主要客户通常有能力通过谈判获得更低的价格、扩大贸易信贷，并要求供应商提供其他优惠。例如，约翰·加尔布雷思（John Galbraith）指出，企业经常以牺牲经营利润为代价向主要客户提供价格优惠。此外，供应商可能需要向特定客户投资，从而有效地锁定它们与主要客户的长期关系，以便收回投资成本。为了帮助减轻主要客户对其供应商的影响，一个可能的契约式的解决方案是主要客户持有其供应商的股份。从理论上讲，这将推动产生有利于客户与供应商的解决方案。与这个想法一致，费、查尔斯·哈德洛克（Charles Hadlock）和托马斯发现，合同摩擦、财务约束和特定关系投资增加了客户持有供应商股份的可能性，并且在持股的情况下，客户与供应商之间的关系往往维持得更久。但是，这种持股的情况极为罕见，因为在他们研究的样本中，只有3.31%持股。

主要客户的存在或客户群体的集中也增加了企业的运营风险，因为企业损失了潜在的大量收入来源。如果主要客户转向其他供应商、加大内部生产投入、陷入财务困境或宣布破产，供应商就要承担失去未来销售额的风险。与此观点相一致，赫策尔等人证明，在主要客户宣布破产时，供应商的股票市场收益为负值。当一家企业失去面临财务困境的主要客户时，其不仅会面临失去未来销售额的风险，也难以收回过去销售中主要客户未付的应收账款。菲利普·若里翁（Philippe Jorion）和张改妍（Gaiyan Zhang）发现，在主要客户宣布破产后，供应商提供的贸易信用额度与股票市场回报之间存在负相关关系。

尽管拥有主要客户会产生潜在的不利影响，但是帕诺斯·帕塔图卡斯（Panos Patatoukas）发现，自 20 世纪 70 年代末以来，客户群体的集中度仍有所提高。这表明拥有主要客户也会带来好处。例如，企业与几个主要客户而不是许多小客户打交道，可能会在设计、制造和分销方面产生规模经济效应。如果企业失去大客户的可能性比失去小客户的可能性低，那么客户获取成本会更低。拥有大客户还可以帮助企业减少裁员、改善营运资本管理并与供应商合作创造互利的协同效应。

帕塔图卡斯还发现，客户集中度与会计绩效成正相关关系（如更高的资产收益率、更低的销售和广告费用、更高的资产周转率），这似乎与主要客户对企业绩效有负面影响的观点相矛盾。保罗·欧文（Paul Irvine）、肖恩·帕克（Shawn Park）和切利姆·伊尔迪詹（Çelim Yıldızhan）的生命周期理论看上去兼顾了认为主要客户对企业绩数有负面影响的早期结论和帕塔图卡斯的研究结果。也就是说，欧文、帕克和伊尔迪兹发现，客户集中度高的企业在初期更容易发生亏损，但随着客户与供应商的关系的成熟，亏损的风险会降低。他们对这种客户集中度对企业绩效的影响随时间变化的直观解释是，早期的企业往往会向特定客户投资，这增加了产生运营风险和亏损的可能性；然而，随着客户与供应商的关系的成熟，运营风险下降，企业往往会获得更高的利润。股票市场的投资者似乎认为企业拥有主要客户的利大于弊，因为帕塔图卡斯、欧文、帕克和伊尔迪兹发现，客户集中度的提高与股票市场收益成正相关关系。

主要客户：实质影响

研究发现，主要客户的存在会影响企业的财务策略，包括现金持有、外部融资、派息方案和高管薪酬等方面。企业持有现金是为了促进日常交易，作为在困境时期的资金短缺的缓冲，当然也有可能是出于特殊的原因（如税收政策不鼓励汇回国外收益）。詹尼弗·伊茨科维茨（Jennifer Itzkowitz）发现拥有主要客户的企业比没有主要客户的企业持有更多的现金，并且现金水平随着主要客户关系的重要性的提升而增加。她认为，企业拥有主要客户时，若运营风险增加导致现金流波动，则额外的现金持有量可以对冲现金流波动。

较高的现金持有量可能会带来问题。一些研究发现，有证据表明股东对企业所持有现金的价值进行了折价。例如，艾米·迪特马尔（Amy Dittmar）和扬·马尔特－史密斯（Jan Mahrt-Smith）发现，这种折价与公司管理水平有关。具体来说，基于企业管理人员可能会浪费一部分现金的假设，股东对管理不善的企业持有的 1 美元现金的估值为 0.42~0.88 美元。威廉·约翰逊（William Johnson）、康俊谷（Jun-Koo Kang）和易尚浩（Sangho Yi）及伊茨科维茨都认为，主要客户能够对企业的管理产生积极影响，因为它们有能力和动机监督其供应商。与主要客户会减少代理成本的观点一致，伊茨科维茨发现，拥有主要客户的企业的财务约束较少，并且财务约束的减少与主要客户的重要性成正相关关系。也就是说，拥有主要客户的企业对投资和现金持有量的现金流敏感度较低，这意味着它们有更多的机会获得外部资本。这对资金较少的企业很重要，因为获得资本的机会增加有利于投资的增加。

　　主要客户的存在也会影响企业的融资选择和结果。蒂特曼认为，清算的风险可能会对企业的供应商、客户和员工产生负面影响。这对企业的资本结构选择有一定影响，因为杠杆增加了发生清算事件的可能性。尚塔努·班纳吉（Shantanu Banerjee）、苏迪普托·达斯古普塔（Sudipto Dasgupta）和金容山（Yungsan Kim）认为，考虑到失去主要客户的威胁和预期后果，拥有主要客户的企业较少使用杠杆。他们发现的证据证明这是正确的，但仅限于耐用品行业。有趣的是，当企业的主要客户是政府机构时，他们找不到这种关系，这可能是由于与私营企业相比，政府机构具备感知稳定性。卡莱和沙哈鲁尔发现客户研发强度与供应商杠杆之间存在负相关关系，并建议企业使用较少的杠杆作为承诺机制来吸引特定关系投资。他们还发现，当面对议价能力更强的客户时，企业往往会更多地负债。史蒂芬·布罗纳尔斯（Stephen Bronars）和唐纳德·迪尔（Donald Deere）提出了对这个结果的简单解释：通过将资源交给债权人，债务减少了客户可能获得的盈余。同样，朱永强（Yongqiang Chu）发现企业的财务杠杆与当前和潜在的供应商之间的竞争程度有关。当供应商之间的竞争减少时，企业往往使用更大的杠杆，这表明企业在与供应商的谈判中会利用杠杆来改变双方的地位。

　　主要客户不仅影响企业负债的意愿，而且影响企业愿意为负债接受的条件。丹·达利瓦尔（Dan Dhaliwal）等人发现，对发行公共债券的企业来说，集中的客户群体与较高的债务成本有关。坎佩洛和珍妮特·高（Janet Gao）发现，对寻求私人银行贷款的企业来说，更高的客户集中度与更高的成本和更不优惠的条款（如更多的规定和更短的期限）有关。他们还发现，当一家企业的客户集中度更高时，其获得的银行贷款更少，并且企业与银行之间的信贷关系的持续时间也更短。银行在签订贷款合同时会将客户集中度视为一个风险因素。这似乎是合理的，因为与客户集中度较低的企业相比，客户集中度较高的企业的贷款失败率往往更高。

集中的客户群体还会影响企业的股本成本和股票发行结果。达利瓦尔等人假设，由于较高的客户集中度增加了企业的经营风险，因此，在其他所有条件都相同的情况下，更集中的客户群体将导致更高的权益资本。与这一假设相一致，笔者发现企业的客户集中度与其股本成本之间存在正相关关系。达利瓦尔等人还发现，较高的客户集中度与较高的贝塔系数相关，贝塔系数反映了企业的系统风险。这表明集中的客户群体给供应商带来的风险不可能通过投资的多元化完全消除。他们还发现，拥有政府客户与较低的股本成本有关，这可能是因为政府客户代表着安全、稳定的收入来源。约翰逊等人发现的证据表明，企业的股权再融资结果受是否存在主要客户的影响。也就是说，当进行股权再融资的企业拥有主要客户时，它所获得的负收益通常要低得多。其他测试验证了笔者的"客户揭示假说"。该假说指出，企业进行股权再融资相当于向市场表明其主要客户存在财务困难。

王进（Jin Wang）发现，主要客户也会通过派息政策来影响股东。他提出了两点来解释为什么会出现这种情况。首先，主要客户增加了企业应对财务困境的预期成本，这促使企业保留流动资产（即现金），而不是将其分配给股东。其次，主要客户为其供应商提供担保，代替了大额股息支付所提供的担保。与这两点一致的是，他发现主要客户的存在与向股东支付的股息减少有关。关于削减股息公告发布前后企业的股息平滑行为和股市回报的进一步测试验证了第一点，即与主要客户有关的财务困境成本会影响企业的派息政策。

集中的客户群体也会影响企业高管的薪酬。之前的研究表明，当企业的特质性风险（即非系统风险）较高时，股权性薪酬对想要规避风险的管理人员来说吸引力较低。与这一观点一致，安娜·阿尔布开克（Ana Albuquerque）、乔治·帕帕扎基斯（George Papadakis）和彼得·维索茨基（Peter Wysocki）发现，客户集中度较高的企业具有更高的非系统风险，并且较高的客户集中度与较低的股权性薪酬有关。他们还发现，企业会调整薪酬合同，管理人员会根据客户集中度的变化，以可预测的方式行使股票期权。然而，政府客户更多地使用股权性薪酬，可能是由于它们比非政府客户更具安全性。因为股权性薪酬是一种使管理者的利益与股东的利益相一致的手段，所以阿尔布开克、帕帕扎基斯和维索茨基的研究结果表明，主要客户对企业管理的意义并不都是积极的。

结论

为了深入了解如何从金融及相关领域的角度看待企业、企业的供应商和客户，我们对当前的相关研究做了概述。总体来说，企业的财务状况与其客户和供应商息息相关。企业的财务决策影响其供应商和客户的决策，反过来，企业也受到其供应商和客户的决策的影响。全球化的力量影响着企业的采购、生产和销售，形成了一个相互交织的网络。罗伯特·卢卡斯（Robert Lucas）认为，一个经济体应该缓和并吸收特质性冲击。然而，在网络化的经济环境中，这种现象并不明显。达伦·艾斯莫格鲁（Daron Acemoglu）等人指出，由于显著的聚集，供应网络中的特质性波动有可能变得很强烈。

供应链不仅对生产率有影响，而且对企业边界也有影响。越来越多的金融研究将企业的债权人和股东视为处于企业范围内。在本章中，我们重点介绍了快速发展的金融和相关学科的研究的关键主题，这些研究将企业边界扩展到供应商和客户。强有力的经济激励将供应商与其客户捆绑在一起，研究发现，这将影响财务经理在资本结构和现金持有量等方面的决策。由于客户与供应商的关系十分重要，财务经理必须管理供应链中随之产生的风险。例如，如果企业的主要客户选择了另外一家供应商或陷入财务困境，那么该企业将面临失去大量收入来源的风险。这不仅体现在融资决策方面，还体现在派息政策和高管薪酬等方面。同时，这对企业的供应商和其他客户也会产生影响。

第4章

供应链金融：
定义、现行观点及未来的研究挑战

乔治斯·威斯纳斯（Georgios Vousinas）

乔治斯·威斯纳斯是理科硕士、工商管理硕士、希腊雅典国家技术大学（National Technical University of Athens，NTUA）机械工程学院供应链金融博士研究生。他的主要研究领域包括供应链金融、金融供应链管理、银行和金融及内部审计。目前，他专注于研究供应链金融领域的一般理论问题和合理性，同时进行有关跨供应链资金流动中断的广泛研究。他的作品包括在各个领域（财务、银行、审计）经过全面审核的学术期刊上发表的论文，以及在面向学术和商业的国际会议（双盲审查系统）上发表的科学论文。他目前为 NTUA 工业管理和运营研究部门（Section of Industrial Management & Operations Research，SIMOR）的教学活动提供支持，并受邀在 SIMOR 的供应链管理课程中就供应链金融这一主题进行演讲。他撰写了一本有关互联网发展的书，在经济、金融和供应链金融领域拥有 10 多年的研究经验。他还曾在希腊一家主要银行机构担任内部审计官，度过了成功的职业生涯，在银行领域拥有超过 15 年的专业经验。

* * *

供应链金融是供应链管理领域中的一个相对较新的概念。近几十年来，人们对供应链金融的兴趣稳步上升，尤其是在 2008 年全球金融危机期间。然而，在研究供应链管理的财务方面时，供应链金融强调将研究的重点放在供应链管理、企业价值与财务绩效之间的相互关系上，而不是仅仅从管理成本的短视角度出发进行研究。尽管与金融危机相关的研究兴趣及供应链金融的重要性日益增加，但学术界在该主题上的研究成果仍然很模糊，而且系统研究供应链金融核心概念的成果仍很少。本章旨在重新定义"供应链金融"一词，揭示其理论上的模糊性，对供应链金融的概念进行最新的系统性文献综述，找出该研究领域的空白点，并介绍供应链金融牛鞭效应和区块链技术等新兴领域。

* * *

引言

供应链金融是一门处于起步阶段的学科，它最早出现在供应链管理文献中。因为 2008 年的全球金融危机及其带来的金融动荡，供应链金融得到了研究人员的进一步认可和关注。尽管如此，供应链金融反映了我们需要重新对关于供应链管理、企业价值与财务绩效之间关系的研究进行合理的关注，这远远超越了在分析供应链管理的财务方面时所采用的降低成本的狭隘方法。

供应链金融取得成功的必要条件是通过加强供应链成员与金融机构之间的合作（如更好的融资条件、新的融资方式等），引入企业融资的方案和工具，以实现更有效的供应链管理。尽管金融危机提高了大家对供应链金融的研究兴趣及供应链金融的重要性，但关于该主题的学术研究和论述仍然是零散的、笼统的。与此同时，很少有研究成果对供应链金融的核心概念和形成要素进行系统的研究。本章旨在通过揭示供应链金融理论的模糊性对"供应链金融"一词进行重新定义，探索理论和实证研究的贡献，并对供应链金融的概念进行系统的文献回顾，以确定灰色研究领域。另外，本章还介绍了供应链金融牛鞭效应及区块链技术等新兴领域。

供应链金融

"供应链金融"一词的诞生

在研究供应链金融的概念之前，我们有必要先了解有关供应链管理的更广泛的概念，以及实物供应链和财务供应链管理的主要发展。供应链管理在大型组织中较为完善，这类组织具有在降低商品成本的同时改善客户服务的竞争优势。传统的供应链管理是指物流、运输、采购和供应等相关职能。然而，随着供应链管理的发展，其焦点已经转向了许多不同的方面，如供应链集成问题、风险管理、可持续性及营运资本优化等。

在当今竞争激烈的全球化商业环境中，世界各地的企业都在努力寻找削减成本的方法，同时最大限度地提高其运营资本的效率，以不落后于当前市场发展并确保自身的生存能力。供应链金融是金融公司最有前途的工具之一，其根源可以追溯到 20 世纪 80 年代初的汽车业。然而，直到 2008 年全球金融危机爆发后，它才真正开始被广泛应用于各种类型和规模的企业。

更具体地说，促使供应链金融发展的最重要因素包括以下几点。

- 2008 年的全球金融危机。这场危机的根源在于 2007 年的美国次贷危机，其导致许多企业在试图获得资金时，在与银行的议价中处于不利地位。随着几家大型金融机构的倒闭，以及随后政府为防止即将到来的崩溃而进行的干预，全球金融格局发生了变化。不确定性和缺乏信任导致了短期融资市场的中断和银行信贷危机。这些冲击通过现有的传播渠道从金融部门传导至实体经济，进一步挤压了企业的可用资金。因此，供应链参与者被迫寻求新的方式来为实现商业目标而融资。

- 企业持有的库存与库存定位的变化。库存存在于整个供应链中，以原材料、零部件、半成品、运输中的产品或可交付给客户的最终产品的形式流动。然而，这些库存是企业的成本来源，因为其占用了企业相当多可用的营运资本，使企业对市场需求波动的反应变慢。因此，企业希望由供应链的上游"持有"库存（即由供应商"持有"库存）。

- 经济全球化。在全球范围内进行的金融交易有若干问题，包括外汇兑换费用、因官僚主义而产生的费用和延误、进出口税及其他相关问题。

- 科技的快速发展。科技发展对消费者的需求有直接的影响，反映在消费者偏爱更加个性化的产品上。这也意味着生产过程的变化：从传统的规模经济到更个性化的生产。在这个方面，从采购到付款（应付账款）和从订单到现金（应收账款）周期的事件触发型融资 ① 成为可能。
例如，发货前是否需要融资可以由订单确认这个事件触发。

- 监管的改变。这些变化有利于供应链金融的出现，并使其区别于传统的
  贸易融资解决方案。《巴塞尔协议Ⅱ》（Basel Ⅱ）规定贷款的最短期限为
  一年，并将重点放在交易对手的风险而非业绩风险上。《巴塞尔协议Ⅲ》
  则强调流动性问题，从而导致银行提供的信贷供给减少。供应链金融降
  低了交易对手的整体风险，提供了一种新的、有担保的融资方式，因此
  是一种比其他传统的融资方式更轻量的融资手段。

- 相关的激励计划。各地政府为了支持供应链金融而推出了一些计划。
  在这些计划中，最引人注目的是美国的供应商付款（Supplier Pay）计
  划。该计划是在英国的供应链金融计划取得成功后，于 2014 年启动的。
  这是由众多私营企业签署的一项承诺，其目标是帮助规模较小的供应
  商以更实惠的价格获得营运资本。

定义供应链金融

在竞争激烈、金融环境不佳的现代全球化经济中，企业在削减成本的同
时，还在努力获得实现业务目标所需的资金。供应链的全球化一方面体现为
买家来自不同的国家，另一方面体现为存在来自许多国家的多元化供应商。
这给企业带来了压力，迫使它们释放被困在供应链内部的营运资本。因此，
供应链金融的主要任务是通过整合供应链合作伙伴关系和先进的供应链融资
活动来降低资本成本。

供应链金融可以被定义为：使用金融工具、实践和技术，为协作的业务

---

① 触发事件是一种有形或无形的障碍或事件，一旦违反或满足，就会引起另一个事件。

伙伴（买方、供应商及金融机构）优化对供应链流程所占用的营运资本和流动资金的管理。图 4.1 介绍了供应链金融的金字塔结构，以便简明地展示各参与主体及相关的流，并为今后的研究提供一种参考工具。

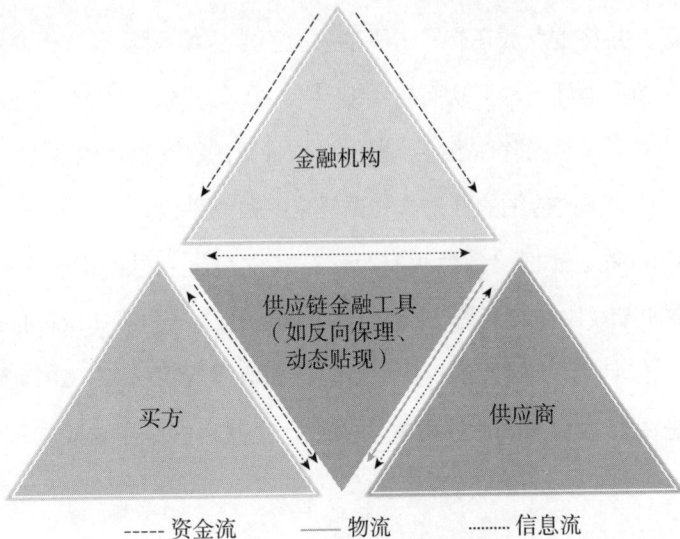

图 4.1　供应链金融的金字塔结构

有许多金融工具都属于供应链金融的范畴（下一节将进一步分析），最常见的是图 4.2 中的反向保理[①]。

供应链金融与反向保理之间存在一些概念上的混淆。因为从历史来看，反向保理是运用供应链金融最普遍的方式。两者之间存在联系是毋庸置疑的，但如图 4.2 所示，这两个概念并不是一样的。图 4.3 从最常见的供应链金融工具（即反向保理）的运营视角，展示了供应链金融中的"回路"，并对各基本流程和参与主体做了简要说明。

---

① 反向保理是买方为帮助其供应商以优惠的条件获得应收账款融资而提出的一种融资解决方案。

供应链金融主要是以跨组织的视角，重点关注组织与客户、供应商与服务提供商之间的资金流，以便更好地在供应链成员之间共担资金流的风险和共享价值。如果供应商因延迟付款而遭受损失，那么这将挤压其资金的流动性，并对其 CCC[①] 产生负面影响，因此供应商只能依靠短期借款（其利率高于采购方所能获得的利率）来获得足够的营运资本。此外，由于这些额外的成本往往会以更高的价格或更少的服务等方式转移给买方，所以买方有必要帮助其主要供应商获得更好的条件（降低贷款利率、提供折扣等）来降低这些成本。

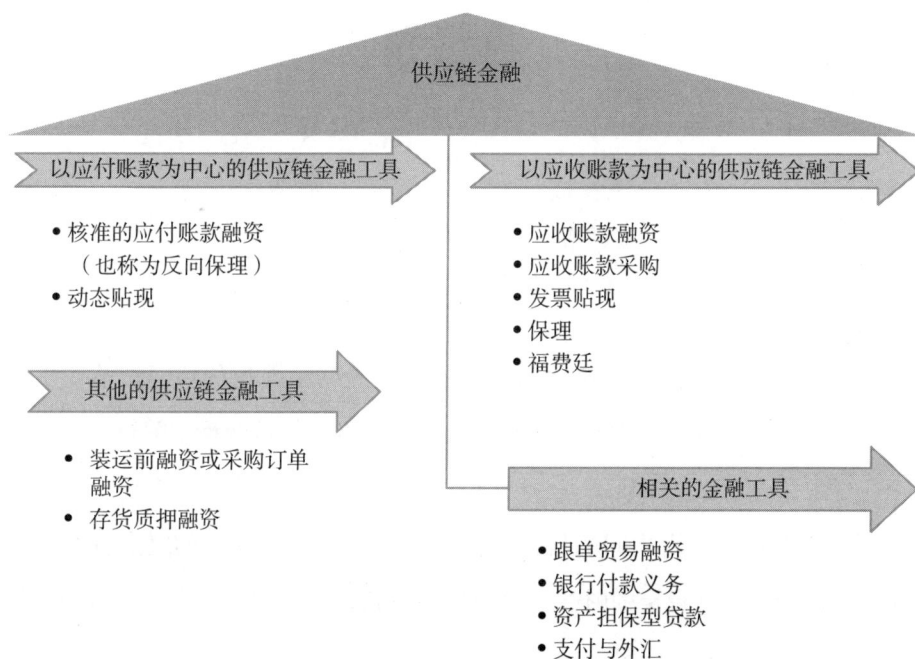

供应链金融

以应付账款为中心的供应链金融工具

- 核准的应付账款融资
  （也称为反向保理）
- 动态贴现

以应收账款为中心的供应链金融工具

- 应收账款融资
- 应收账款采购
- 发票贴现
- 保理
- 福费廷

其他的供应链金融工具

- 装运前融资或采购订单融资
- 存货质押融资

相关的金融工具

- 跟单贸易融资
- 银行付款义务
- 资产担保型贷款
- 支付与外汇

图 4.2　各类供应链金融工具

---

① 现金周转周期也称现金循环周期，是指一家公司在存货上进行投资直至产生现金回报的时间长度（要考虑到部分或全部库存是用信贷购买的）。

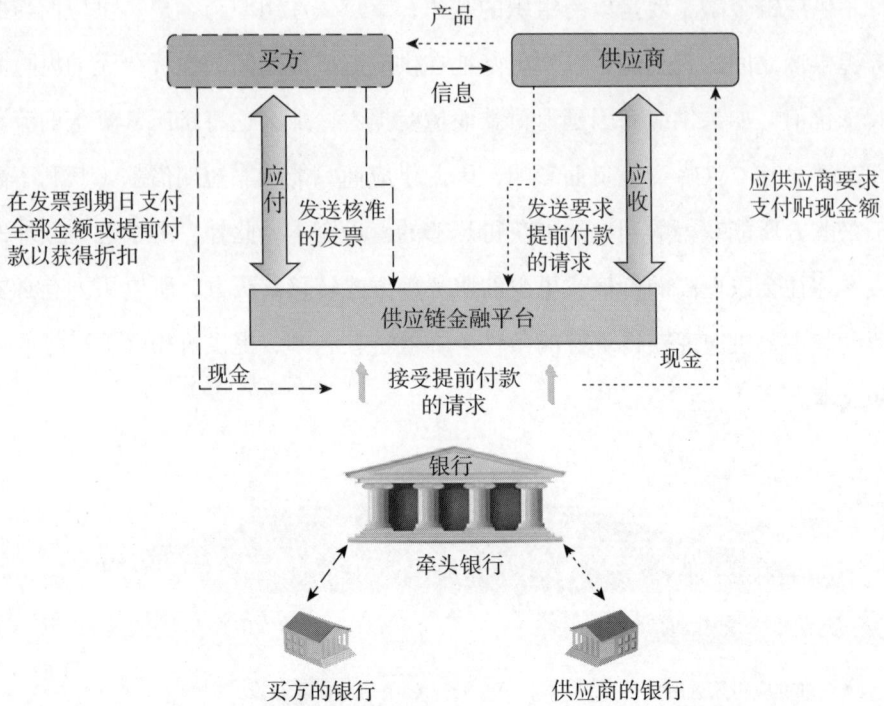

图 4.3 供应链金融中的"回路"

2008 年全球金融危机爆发后，世界经济受到了严重的负面影响，由于企业从采购到销售的现金流周期变长，营运资本的管理变得至关重要。企业正在寻求适合自己的融资方式，同时也在与贸易伙伴共同寻找合适的融资方式，但买方和供应商之间的目标冲突增加了实现互利互惠的复杂性。一方面，买方希望因其特定的财务状况而延迟付款；另一方面，供应商希望尽早收款。因此，应用供应链金融工具是一个解决方案，这有助于在相关参与主体（买方—供应商—银行）之间建立一个信任圈，并通过简单而快速的支付流程构建一个双赢的框架。

供应链金融工具

供应链金融工具如图 4.2 所示，我们将在接下来的小节中讨论以下四类供应链工具：

- 应付账款融资，主要是反向保理；
- 动态贴现；
- 存货质押融资；
- 采购订单融资。

反向保理

反向保理，也常被称为核准的应付账款融资，与传统的保理手段（主要是出售应收账款）相比，已经取得了相当大的发展，最近也受到了学术界和企业界的广泛关注。反向保理是一种协议，通过这种协议，买方可以在其资金提供方的帮助下，根据买方在付款期间的信用评级向供应商提供信贷。买方与供应商之间的信誉差越大，供应商就能享受到越低的短期融资成本。电子交易平台提供有关反向保理协议的实时交易信息。

反向保理最简单的形式包括买方、供应商、银行机构和负责协调的网络平台，该平台通常由银行托管。在此过程中，供应商先将原材料交付给买方。在网络平台确认和批准供应商所提供的协议材料和发票后，电子发票将被发送到网络平台上。然后，供应商有权直接从银行收到订单货款减去银行收取的一小部分费用及在商定付款日期之前收到的款项的利息成本。随后，在事先规定的时间内，买方必须向银行支付它所收到的货物的全部货款。图 4.4 展示了上述反向保理所涉及的主要参与者之间的主要交易活动。

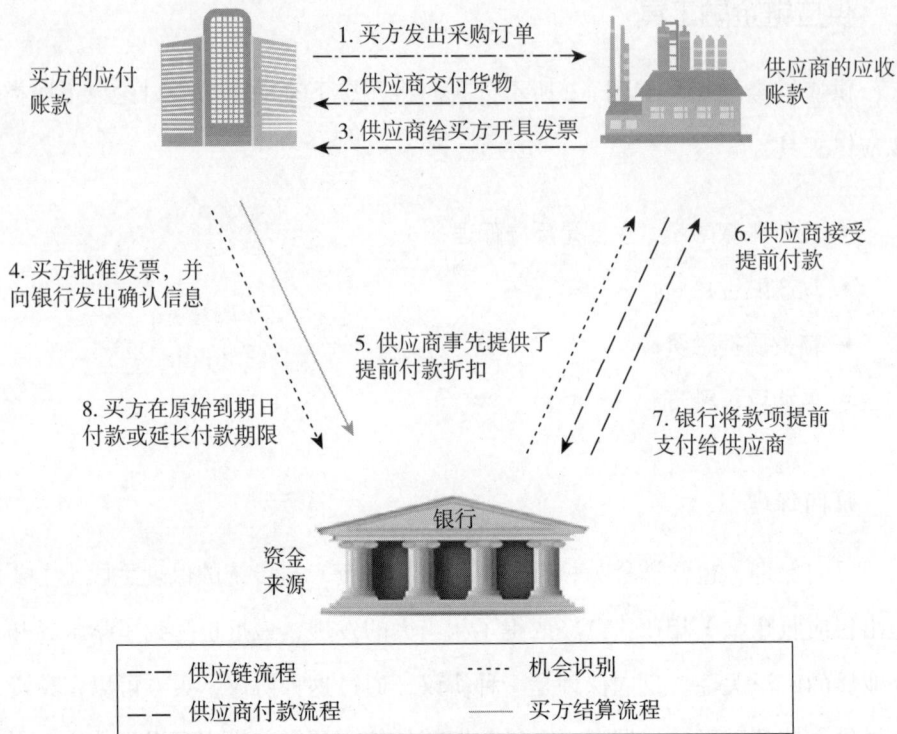

买方的应付
账款

1. 买方发出采购订单

2. 供应商交付货物

3. 供应商给买方开具发票

供应商的应收
账款

4. 买方批准发票，并
向银行发出确认信息

6. 供应商接受
提前付款

5. 供应商事先提供了
提前付款折扣

8. 买方在原始到期日
付款或延长付款期限

7. 银行将款项提前
支付给供应商

资金
来源

银行

—·— 供应链流程   ······ 机会识别

— — 供应商付款流程   —— 买方结算流程

图 4.4　反向保理的运行机制

反向保理对所有相关参与方均有利，因此，它被认为是一个双赢的方法，其好处主要包括以下几点。

- 反向保理的主要优势在于供应商的信用风险等于优质客户的违约风险。反向保理使得高风险的供应商能够与高质量的买方一起降低它们的信用风险水平，从而降低债务成本，同时增加获得流动资金的能力。

- 反向保理的另一个优点是它为银行机构和买方都提供了好处。在许多国家，反向保理是由银行提供的，这使银行能够与中小企业发展出牢固的关系，而不受现有高质量客户的影响，同时银行又不承担额外的风险。反向保理提供了交叉销售的机会，并使银行能够为中小型企业创建信用记录，以便未来继续为其提供贷款。

- 规模较大的买方也可以从比较优惠的谈判条件中获益，例如，买方可以将应付账款的期限从 30 天延长到 60 天。更重要的是，买方可以从外包应付账款管理业务中获益（例如，买方可以只向贷方付款，而不必向许多小供应商付款）。

动态贴现

动态贴现是一种带有技术支持的解决方案，企业可以获得折扣并将折扣自动应用到整个供应链中。动态贴现让买方有了更大的灵活性，以便其选择何时、以何种方式向供应商付款，以换取所购买商品及服务的较低价格或折扣价格。"动态"是指根据供应商的付款日期选择折扣，通常付款越早，折扣越大。

例如，如果买方向供应商提供年化利率为 18% 的贷款，并要求供应商比原来的到期日提前 30 天支付，则增量折扣是 1.5%（18% ÷ 360 × 30=1.5%）。这里的要点是，折扣是按比例变化的，它是根据买方设置的年化利率及供应商想要提前多少天支付而得出的。

动态贴现使买方及其供应商能够在发票的基础上设置提前付款折扣，并允许双方通过网络平台查看发票，还可以选择已批准的发票进行提前付款。动态贴现的主要好处体现在买方可以利用自己的资产负债表或多余的现金来获得额外的折扣，而供应商则可以通过减少营运资本和提前付款来获利。

存货质押融资

存货质押融资是指向企业提供的信用额度或短期贷款，使其可以购买产品进行销售。如果企业未售出其产品且无法偿还贷款，那么这些产品或库存可以作为贷款的抵押品。存货质押融资对那些必须在销售库存之前向供应商付款的企业来说尤其有用。

采购订单融资

采购订单融资是一种短期的商业融资方式，它能为供应商预先支付已核实的采购订单所对应的资金，避免企业因为现金流的缺口耗尽现金储备或减少订单而给供应商带来损失。它允许企业接受数额巨大的订单，并迅速调整贷款基准以满足供应商的需求。

如今，银行已经能够通过供应链金融提供的适当的商业工具，如动态贴现、电子支付平台和供应链金融，并成功地识别出那些能更好地满足客户的供应链需求的必需要素。这些融资工具提高了付款凭证及支出的透明度和可预测性，这反过来又减少了企业所需的流动性，从而提高了资本充足率[①]。因此，就流动性而言，这些供应链金融工具对于实施更严格的《巴塞尔协议Ⅲ》（从 2019 年起全面实施）具有重要意义。

供应链金融的现有问题

供应链金融及其工具能为搭建高效的供应链（特别是增加供应链现金流和降低融资成本）提供关键支持，这一点已经在学术界和企业界形成共识。正如前文所述，供应链金融的重要性日益增长，这主要归因于 2008 年的金融危机及随之而来的经济衰退。在此基础上，现代全球化经济环境中技术的迅速发展也给供应链金融提出了许多需要解决的重大问题和挑战，下面将对此进行探讨。

在日常的业务运营中，我们主要针对物流吞吐量对供应链进行优化和监控，并在交易层面被动地处理资金流。但是，在危机中，当管理人员不得不

---

① 资本充足率是衡量银行资本的指标，用银行风险加权信贷敞口的百分比表示。

通过短期的营运资本管理措施（如降低库存水平或提高收款及时性），确保公司财务平稳运行时，日常的业务运营可能会突然发生巨大变化，从而影响实物流。

供应链金融牛鞭效应

2008 年的全球金融危机导致了融资市场及供应链资金流的中断，企业被迫降低营运资本目标，并为其商业计划寻找新的融资方式。这对全球供应链造成了巨大的冲击，并产生了由库存驱动的牛鞭效应及金融牛鞭效应[①]。

牛鞭效应，又称弗雷斯特效应，它描述了供应链（主要指库存和订单流）中经营波动从下游到上游不断增强的现象。以前的供应链研究主要集中在物流牛鞭效应，而现有的资金流牛鞭效应（金融牛鞭效应）却被我们忽视了，直到现在都还没有对供应链管理领域的这一现象的明确描述和解释。当金融部门与实体经济之间的冲击传输通道（特别是流动性通道）导致供应链内部的金融波动放大时，则可以称之为供应链金融牛鞭效应。

供应链金融牛鞭效应可以被定义为财务失真随着供应链资金流不断扩大的一种现象。从本质上讲，供应链金融牛鞭效应发生在融资机构的资金流动出现振荡的时候，其原因是由各种因素（内部和外部）造成的现金流波动及微观（企业）和宏观（经济）层面的财务困境。在危机中，金融部门与实体经济之间的冲击传输通道导致整个供应链上的金融动荡加剧，从而强化了相关的资金流动。供应链金融牛鞭效应是一种发生在微观和宏观层面的现象，因为资金流的中断通过经济传递到企业层面，会对供应链造成严重影响。因此，我们的主要目标是研究金融危机的爆发如何导致整个供应链产生金融牛

[①]　陈宗康（Tsung-Kang Chen）、廖显兴（Hsien-Hsing Liao）和郭会军（Hui-Ju Kuo）通过研究供应链中债券持有者的财富探索了金融牛鞭效应（Financial Bullwhip），他们检验了内部流动性风险对债券收益率的影响是否沿着供应链中交易对手的方向逐渐变大。

鞭效应（通过传输通道），重点关注宏观和微观层面所涉及的相关资金流，并证明供应链金融牛鞭效应的存在是合理的。

关于全球供应链的供应链金融牛鞭效应的研究很有限。为了填补现有的空白和加强我们对供应链金融的认识，我们必须朝这个方向并对相关的案例做进一步的研究。

金融科技

Fintech 是指利用技术来提供金融解决方案。这个词的起源可以追溯到 20 世纪 90 年代初，其最初被称为金融服务技术联盟（Financial Services Technology Consortium）。金融服务技术联盟是花旗集团（Citigroup）的前身花旗银行（Citicorp）为促进技术合作而发起的一个项目。

最初，这个术语是指现有的消费者及贸易金融机构后台使用的技术。但自 21 世纪第一个 10 年结束以来，这个词的内涵已经扩展到包括金融领域的任何技术创新，包括零售银行及像区块链这样的分布式账本技术。

关于供应链金融，一个很有前途的金融技术创新是区块链。区块链是一种分布式账本。分布式账本使用独立的计算机（也被称为节点）在各自的电子账本中记录、共享和同步交易，而不是像传统账本那样集中保存数据。虽然区块链诞生于比特币，但它适用于许多不同的应用，远远超出了加密货币的范畴。

本质上，区块链是一个公共账本，它包含了使用区块链技术进行的每一笔交易的信息。区块链系统不是建立在信任的基础上，而是建立在密码证明的基础上。密码证明允许当事人进行直接交易，而不用委托银行等中央机构来处理交易。这种技术可以用于信息共享、监控和跟踪资产以及执行长期合同。这项技术的进一步发展将允许运行小型程序（即智能合约），这有可能使交易双方之间的合同关系实现可信的自动化。

由于区块链使各种支付不需要借助任何银行或其他中介即可完成，所以将区块链与供应链金融集成后可以节省成本和时间，从而提高业务效率。例如，恩里科·卡梅里内利（Enrico Camerinelli）证明，最常见的供应链金融流程中至少 1/3 的部分可以通过区块链的特性获得极大的优化。

区块链的出现对传统的金融和商业服务产生了巨大的潜在影响。加雷斯·彼得斯（Gareth Peters）和埃夫斯塔西奥斯·帕亚尼（Efstathios Panayi）认为区块链有可能颠覆银行业。区块链还被提议作为金融资产清算和结算、支付系统、智能合约、金融市场操作风险等领域的创新解决方案。此外，马西莫·莫里尼（Massimo Morini）展示了真实的商业案例，例如，可以利用区块链来降低金融衍生品抵押的成本和风险。区块链也吸引了大型软件公司的注意，微软 Azure 和 IBM 已经开始提供"区块链即服务"（Blockchain-as-a-Service，BaaS）。

当然，在相关研究还处于起步阶段的情况下，人们很难评估该技术创新的潜在效益。然而，在不久的将来，它可能会为供应链中所有参与主体创造巨大的机会，并给现有的供应链金融实践带来一场彻底的革命。

文献综述

方法论

在对供应链金融出现的主要驱动因素、相关术语及供应链金融的主要工具做了解释分析，并对一些现存的挑战提出简要看法之后，我们选择了一些参考文献进行综述，以便系统地收集和分析该领域的最新发展。通过对理论和实证文献的仔细研究，我们重点分析了公司、供应商与金融机构之间基于供应链金融开展协作的主要方面，不仅发现了有问题的地方，而且得出了有用的结论，并提出了一些建议。

本章从理论－概念框架、实证分析、实践意义等方面探讨了供应链金融的广义概念。由于前一阶段（1985—1999 年）对供应链金融只有一些零散的研究，所以我们选取的时间跨度为 2000—2016 年，以涵盖较新的文章。我们关注这段时间也是因为大家认为供应链金融学科是在 21 世纪初开始兴起的。需要指出的是，梳理文献的过程也包含了对以财务供应链管理为主题的相关文章的分析，因为财务供应链管理与供应链金融没有明显的区别。

我们遵循以下三个步骤选择文献。首先，我们使用了世界上最大的同行评审文献的摘要和引用数据库 Scopus，它涵盖了科学期刊、图书和会议论文集。我们通过论文摘要和论文正文中的关键词"供应链金融"和"财务供应链"进行检索。为了保证所选文献科学有效，我们在选择过程中把会议论文集排除在外。

其次，我们只选择了主流的供应链管理和财务管理期刊上的论文，如《物资配送与物流管理国际期刊》（*International Journal of Physical Distribution and Logistics Management*）、《采购与供应管理期刊》、《业务流程管理期刊》（*Business Process Management Journal*）及《商业研究期刊》（*Journal of Business Research*）。为了从搜索到的文章中进行选择，我们进行了深入的分析以确定最终的文献库中包含哪些文献。我们主要根据 SCImago 期刊排名指数进行选择，筛选在供应链管理和金融这两个研究领域的顶级期刊（也并非完全是顶级期刊）上发表的论文。我们筛选出的全部期刊如表 4.1 所示。

最后，我们从所有经过彻底研究的、已确定的论文清单中，挑选出那些与供应链金融学科密切相关的论文，去除了那些仅在摘要或引言部分提到供应链金融或仅仅为支持研究而偶尔提及该术语的论文。按照这一标准，我们

表 4.1 期刊列表

序号	期刊	论文数量	作者
1	《会计、组织与社会》（Accounting, Organizations and Society）	1	斯坦利·拜曼（Stanley Baiman）和马达夫·拉詹（Madhav Rajan）
2	《物流研究与应用国际期刊》（International Journal of Logistics: Research and Applications）	1	莫里茨·戈姆（Moritz Gomm）
3	《物流管理国际期刊》	2	道格拉斯·兰伯特（Douglas Lambert）和雷南·布尔杜罗格鲁（Renan Burduroglu）；兰伯特和泰伦斯·波伦（Terrance Pohlen）
4	《生产率与绩效管理国际期刊》（International Journal of Productivity and Performance Management）	1	克雷格·谢泼德（Craig Shepherd）和汉内斯·根特（Hannes Günter）
5	《供应链论坛国际期刊》（Supply Chain Forum: An International Journal）	1	卡梅里内利等人
6	《生产与运营管理》（Production and Operations Management）	1	亨德里克斯和辛格尔
7	《服务与运营管理国际期刊》（International Journal of Services and Operations Management）	2	迈克尔·史密斯（Michael Smith）和李·巴雷斯（Lee Buddress）；潘恩·格罗斯-鲁伊肯（Pan Grosse-Ruyken），斯蒂芬·瓦格纳（Stephan Wagner）和鲁本·容克（Ruben Jönke）
8	《物资配送与物流管理国际期刊》	3	西奥多·法里斯（Theodore Farris）和保罗·哈奇森（Paul Hutchison）；翁贝托·亚科诺（Umberto Iacono）等人；韦斯利·兰德尔（Wesley Randall）和法兰里斯
9	《应用公司金融期刊》（Journal of Applied Corporate Finance）	1	科里·比林顿（Corey Billington），布雷克·约翰逊（Black Johnson）和亚历历克斯·坦提斯（Alex Triantis）

（续表）

序号	期刊	论文数量	作者
10	《国际商业评论》（International Commerce Review）	1	拉尔夫·塞弗特（Ralf Seifert）等人
11	《商业物流期刊》（Journal of Business Logistics）	2	埃里克·霍夫曼（Erik Hofmann）和赫伯特·科扎布（Herbert Kotzab）；戴维·武特克（David Wuttke）等人
12	《供应链管理国际期刊》（Supply Chain Management: An International Journal）	2	伊恩·布莱克曼（Ian Blackman）、克里斯多夫·霍兰德（Christopher Holland）和蒂莫西·韦斯科特（Timothy Westcott）；蔡奉秀（Bongsug Chae）
13	《业务流程管理期刊》	1	迪利普·莫尔（Dileep More）和苏巴什·巴布（Subash Babu）
14	《采购与供应管理期刊》	1	尼可拉·利斯迪蒂诺（Nicola Costantino）和罗伯塔·佩莱格里诺（Roberta Pellegrino）
15	《支付策略与系统期刊》（Journal of Payments Strategy and Systems）	1	卡梅里内利
16	《商业研究期刊》	1	瓦格纳
17	《IBIMA通讯》（Communications of the IBIMA）	1	马丁·费伦茨（Martin Fellenz）等人
18	《国际商业创新与研究期刊》（International Journal of Business Innovation and Research）	1	摩尔和苏巴什·巴布
19	《供应链管理期刊：采购与供应全球评论》（Journal of Supply Chain Management: A Global Review of Purchasing and Supply）	1	迪恩·埃尔穆蒂（Dean Elmuti）
	论文总数	25	

共选出 145 篇论文做了更深入的分析。我们选出这些论文的主要依据如下。

（1）**概念框架**。我们考察了那些研究供应链金融学科的一般框架或概念的论文，但我们重点选择与财务层面而不是供应链层面相关的论文。

（2）**绩效考核指标**。我们参考了关于财务绩效度量的文章，也就是使用供应链金融指标和关键绩效指标（Key Performance Indicator，KPI）来量化公司的财务绩效。

（3）**实证研究**。我们选取了那些运用实际数据研究如何应用供应链金融工具（从市场的角度）的论文，如案例研究、市场调研等。

综上所述，我们最终选择了 25 篇论文进行详细研究，并将其纳入最后一部分内容，我们的主要目的是从理论和应用的角度提供供应链金融领域的最新研究信息。

概念框架——财务方面

概念性论文通常研究供应链金融的一般框架或概念。我们选出的论文主要研究的是如何定义供应链金融应用的范围、目标、涉及的参与者或可以利用的杠杆。

霍夫曼提出了财务供应链的整体观点，强调运营和金融活动是相互依存和紧密联系的。根据霍夫曼的观点，供应链金融有以下三个组成要素。

- 机构方：它仅仅是供应链中的一个业务参与者及 / 或涉及的金融机构、私人投资者和政府。
- 供应链管理的特点：关于在供应链系统开展合作的规定，如合同规定、融资体系、定价策略等。
- 融资功能：可利用的融资类型，如投资、营运资本、货物供应、营销等。

单独考虑运营或财务活动是次优决策，因为让它们之间协作及保持一致是有好处的。作者还强调，即使考虑供应链合作中的机构、财务职能和金融工具，供应链金融仍然是更复杂的系统的一部分。

卡梅里内利认为，供应链金融是一套财务解决方案，它通常由金融机构提供。财务要素（通过发票和付款来表达）充当不同参与方之间的黏合剂。在这种情况下，控制权从公司转移到发行机构，即银行。由于严重的经济危机以及不得不应对竞争日益激烈的市场环境，银行也会面临一些困难。通过绘制这些供应链金融解决方案和其他财务解决方案前面的运营流程，供应链经理可以引导财务部门的同事主动地让相关银行参与进来，从而获得能对公司营运资本产生积极影响的解决方案和服务。

戈姆提出了一个研究物流和供应链管理中的财务问题的框架，这表明从供应链的角度看待财务问题为供应链管理人员提供了巨大的机会。供应链管理不仅可以促进销售、降低销售成本和提高投入资本，还有潜力去降低资本成本——这个长期被忽视的、对股东价值有影响的供应链驱动因素。对于协作型供应链金融，需要考虑两个特殊的方面，下面通过一个简短的案例加以说明。首先，对供应链协作的投资意味着参与者共同投资的对象将超出个别组织的考虑范畴。因此，可考虑的投资选择将有所增加。与公司最重要的供应商进行财务合作提供了一种新的投资选择：共同投资建设供应商的配送仓库可能会进一步改善公司的采购流程。其次，目前最好的投资选择是向所有合作方提供最高价值的投资。这需要公司在进行投资选择时考虑所有参与方的现金流。在投资（如增加资本支出）和债务管理方面开展协作的机会及通过协作影响资本成本（加权平均资本成本①）的方法都表明，这些都是应该进行进一步改进和深入研究的领域。

---

① 英文全称为 Weighted Average Cost of Capital，简称 WACC。

绩效考核指标

供应链金融的短期目标主要是通过有效的营运资本管理来提高生产率，减少库存和缩短周期，而长期目标是提高所有供应链成员的市场份额和利润。包括 CCC、DPO、DRO 在内的供应链金融指标及 KPI 都可以作为评估组织的长期金融活动和绩效的工具，这是成功实施供应链金融解决方案的关键因素。本部分的目的是介绍现有的研究，从供应链金融的角度解决财务绩效考核指标问题。

物流管理人员必须衡量并向客户、供应链合作伙伴及其高层说明物流活动所创造的价值，并对衡量物流价值的方法进行审查，如客户附加值、战略盈利模式和经济附加值等。同样，大多数被称为供应链指标的绩效指标只是从组织内部关注物流指标，无法对企业如何在供应链中提升价值及盈利能力进行衡量。因此，物流管理人员提出了一个用于开发供应链指标的框架，该框架通过经济附加值将绩效转化为股东价值。

一个主要的问题是，在更多地由工程驱动的供应链管理与经济学家所采用的方法之间存在度量方法方面的差异。在欧洲的一个研究中，研究人员运用供应链运作参考模型（Supply Chain Operations Reference Model，SCORM）[①] 对库存、应收账款、应付账款、投资回报和资产周转率的基准天数及整合和协作水平进行了分析，在供应链管理实践和这五个财务评价指标中发现了显著的影响。研究结果表明了供应链管理对组织整体效率的影响，从而明确了影响供应链管理成功的关键问题。这些结果表明，组织通常认为它们能够成功管理供应链并在组织绩效方面获得显著改善，但它们并没有实现供应链管理的巨大改进。

---

① 一个由供应链委员会（Supply Chain Council）开发和认可的流程参考模型，作为供应链管理跨行业的标准诊断工具。

针对供应链绩效评价指标及体系研究的不足，谢泼德和根特对现有文献和未来研究的可能途径做了批判性的评述。他们对绩效指标做了分类，并指出尽管近年来的研究取得了相当大的进展，但许多重要的问题还没有得到足够的重视，包括影响供应链绩效评价体系成功实施的因素、使这些体系随时间不断变化的因素及持续维护这些体系所带来的问题。

兰德尔和法里斯使用基于案例的方法解释了如何运用供应链金融管理技术（如 CCC 和共享的 WACC）来降低供应链的财务成本。他们的研究结果提供了一种方法来识别和量化能够提高整个供应链的盈利能力的潜在机会。他们提供的场景说明了通过 CCC 的协同管理及与贸易伙伴共享 WACC，能够获得潜在的供应链改进办法。其效果体现在整个供应链的财务杠杆优势所带来的总成本减少上。他们还强调，在经济低迷和信贷紧缩时期，主动管理整个供应链的财务状况可能是一些供应商得以生存的唯一途径。

在宏观层面，亨德里克斯和辛格尔分析了供应链故障与财务绩效之间的关系。他们分析了 884 家上市公司公布的故障样本，并用规模和行业相近的控股公司样本做了测试。平均而言，这些故障导致销售增长率下降了 6.92%，成本增加了 10.66%，库存增加了 13.88%。

蔡奉秀强调了为衡量和监控供应链绩效而开发 KPI 的必要性。他试图提供一种实用的方法来衡量绩效，并给出了一个 KPI 列表。其论文介绍了业界对供应链绩效衡量的观点及开发绩效指标的实用方法。他的结论是，公司应该只关注对其运营管理、客户服务和财务生存能力至关重要的那一小部分 KPI。

在营运资本管理的背景下，有几篇论文从 CCC 的角度分析了供应链金融的收益。CCC 被认为是评估企业如何管理其营运资本的一个强有力的绩效指标。CCC 较短的公司有更高的效率，因为它们周转资金的频率更高，这将带来更高的资金回报率。缩短 CCC 可以减少供应链中被占用的资本，从而提高盈利能力。然而，缩短某一家公司的 CCC 可能会减少供应链中其他公司的营运资本。因此，从供应链的角度优化营运资本需要确保所有供应链伙伴的 CCC 达成某种平衡。

法里斯和哈奇森认为，CCC 是一个重要的衡量标准，因为它通过制造业务把供应商的进料活动与客户的出库物流联系在一起。他们强调 CCC 是整个供应链管理的 KPI 之一。

霍夫曼和赫伯特·科扎布的研究说明了如何利用协作性的现金周期管理方法产生最佳解决方案，而缩短供应链的应收账款回收时间和延长应付账款结算时间的压力可能会对相关企业的价值产生负面影响。

格罗斯 - 鲁伊肯、瓦格纳和容克研究了 CCC 是否适合作为一个合适的指标来衡量企业绩效。实证结果表明，CCC 与资金回报率之间存在显著的负相关关系。作者认为，必须对供应链的最优 CCC 进行全面评估，并得出结论：正确的营运资本管理方法取决于商业模式、供应链设计和供应链中的风险因素。亚历克斯·杨（Alex Yang）和约翰·伯奇（John Birge）运用模型来描述企业经营决策与财务风险的相互影响，并表明在需求不确定的情况下，贸易信用作为一种风险分担机制可以提高供应链效率。

实证研究——应用视角

供应链管理和供应链金融正经历着巨大的变革。由于制造企业采购材料、零部件和服务的平均成本经常超过总运营成本的 60%~70%，因此有效管理整个供应链中的产品、信息和资金流是至关重要的。企业之间的竞争意味着供应链之间的竞争。下面的各种实证论文（带有案例研究及专业的调研）强调了成功应用供应链金融的重要性，这些论文的目的是研究供应链金融工具的应用及供应链金融的市场接受程度。

费伦茨等人探讨了当前关于全球供应网络中资金流动态的模型和实践。作者认为，任何从用户方的角度增加可用流动资金的做法（例如，进行更有效的资金流管理）对供应链系统及参与企业都是有益的。此外，推动开发跨组织的系统可以带来重要的好处，因为这些系统可以促进资金更有效地流动并提供更高的财务透明度，从而更好地进行风险评估和管理。鉴于全球信贷危机对全球金融体系造成的破坏，这项研究具有特殊的意义。因为它清楚地表明金融体系的变化是不可避免的，并指出了需要协调的领域和需要克服的挑战。关键的问题是，变革不仅应解决金融危机期间现行体系的局限性，还应从运营和技术的角度考虑系统存在的低效与不足。

比林顿、约翰逊和坦提斯及科斯坦蒂诺和佩莱格里诺等人开展研究，运用实物期权的方法，帮助决策者在不确定的条件下对供应链战略和投资做出更明智的决策。与金融期权类似，实物期权能够评估弹性管理带来的好处，并在抓住上涨的可能性的同时限制跌价损失。采用跨供应链的研究方法是很有必要的，因为大多数企业都要在其供应链中处理企业之间的关系，并因此依赖稳定和健康的合作伙伴（供应商、零售商、顾客等）关系。供应链中哪怕只有一家供应商破产，都可能引发整个价值链的多米诺骨牌效应。自2008年的金融危机以来，对供应链金融的管理实践和科学研究的关注有了显著增加。

通过跨学科和企业间的合作，我们认为供应链金融的概念和应用可以为这些问题提供综合的解决方案。然而，这些解决方案极少涉及供应链管理学科本身的内容。斯科特·佩扎（Scott Pezza）于2011年开展的一项研究表明，我们调查的供应链金融项目中，近50%的项目都没有供应链管理学科的参与。根据这项研究，需求波动对可用现金的影响是供应链金融发展背后的一个关键因素。事实上，需求波动一方面要求企业拥有更多的安全库存，另一方面又激发了其持有更多预防性现金的愿望，因此如何平衡这些考虑因素将是一个挑战。

根据武特克等人的观点，供应链金融主要针对资金流，以使买方及其供应商增加营运资本并降低成本。为了缩小人们对产品和信息流导向创新和资金流导向创新的认识之间存在的差距，作者选择了一种归纳性的多案例研究方法，涉及六家欧洲公司。他们的研究结果提出了四个建议，并提出了一个经过扩展的供应链金融应用框架，该框架主要针对买方及其供应商之间相互关联的采购程序。

布莱克曼、霍兰德和韦斯科特通过对摩托罗拉的全球财务供应链案例的详细研究，强调了供应链金融对企业和学术研究人员的重要意义。他们所做的研究的实际意义表明，集成财务供应链的发展将大大节省企业在资金管理、银行业务方面的支出，以及与财政和支付活动有关的管理费用。战略变革本身及其实施过程也凸显了与财务供应链相关的重要战略规划和实施问题。他们的研究结果和理论对比分析支持这样一个论断，即供应链金融是一个相对较新且未被完全探索的领域，与供应链管理存在直接相关性，而且引起了供应链管理研究人员的研究兴趣。

莫尔和普里坦·巴苏（Preetam Basu）通过对印度公司的广泛调研，研究供应链金融面临的不同挑战，并试图建立一个层级模型来分析它们之间的复杂动态关系。研究表明，供应链合作伙伴之间缺乏共识是供应链金融面临的最大挑战。金融交易的延迟（由于支付流程不够自动化，加上企业缺乏关于供应链金融工具的知识及培训）所导致的无法预测的现金流同样发挥了重要作用。由于企业与它们所处的供应链是紧密集成的，因此它们应该在供应链中发挥协同作用，以缩短从采购到支付的总周期，并在此过程中提高整个供应链的财务稳定性。基于这项研究，企业可以评估供应链金融挑战的动态发展，并重新定义供应链合作关系及获取供应链所需现金流的战略。

亚科诺等人的研究目的是表明市场动态可以显著影响供应链金融协议的生命周期和价值。该研究是通过构建一种特定类型的供应链金融协议——反向保理的市场动态模型而完成的。下列市场因素是供应链金融获得直接效益的关键：

- 竞争；
- 利率；
- 应收账款额；
- 企业的营运资本目标。

上述研究的主要结论是，反向保理可以为所有供应链参与者带来直接收益，但这些收益受市场因素的影响。

结语及未来的研究挑战

正如本章所分析的那样，供应链金融是一个相对较新的概念，在2008年的全球金融危机及随之而来的衰退和技术快速发展的推动下，学术界和业界对它的关注度呈指数级增长。但是，尽管人们对供应链金融这一主题的兴趣日益浓厚，而且它的价值受到大多数人的认可，但相关研究仍处于起步阶段。与此同时，在供应链金融标准化及普遍理论发展方面的研究贡献仍很少得到认可。

本章的内容包括三个方面：一是通过强调使供应链金融得以扩张的主要因素，对供应链金融学科做了概述，定义了供应链金融相关术语并分析了其主要工具，同时重点关注了供应链金融的现有问题；二是对供应链金融中的关键问题的新研究做了有条理、有重点的评述；三是明确了现有的研究空白点，为研究人员、专业人士及其他利益相关者提供了有用的指导。

我们所做的分析明确了供应链金融的一些关键特征。

- 2008 年的金融危机及经济的全球化、技术的发展和监管的变革是供应链金融发展的主要驱动力。
- 最常见的供应链金融工具是反向保理、动态贴现、存货质押融资和采购订单融资。
- 金融部门与实体经济之间的冲击的传递导致整个供应链的金融动荡加剧，进而引发了供应链金融牛鞭效应。
- Fintech 兴起，尤其是区块链技术。
- 供应链金融的不同定义和方法。
- 财务绩效评价问题可以通过使用供应链金融度量指标和 KPI 来解决，其中最常用的是 CCC 和 WACC。
- 案例研究和专业调研突出了供应链金融的重要性及进一步运用供应链金融工具的必要性。

根据本章的研究结果，我们似乎有理由预测供应链金融的重要性会越来越高，应用范围会越来越广。它不仅源于危机状况和技术创新，而且会渗透到现代商业世界的各个方面。然而，对于供应链金融领域存在的若干重大挑战，我们必须加以重视，现总结如下：

- 加强供应链金融理论向标准化方向发展；
- 降低所有供应链参与者的风险；
- 改进现有的财务绩效评价指标体系；
- 应对供应链金融牛鞭效应；
- 促进技术创新，如 Fintech 和供应链金融流程的自动化；

- 推动区块链技术的应用——潜在效益（支付系统、智能合约、金融市场的运营风险等）；
- 确认银行的角色；
- 改善供应链金融参与者与金融机构之间的财务协作。

综上所述，尽管在金融危机的驱动下，供应链金融的重要性日益提高，相关研究日益增多，但目前的相关学术贡献还是有限的，无论是系统性的文献综述还是供应链金融理论的发展，都很少有明确的研究步骤。本章试图阐明"供应链金融"一词的起源及其产生的原因。我们还提供了一个结构化的、最新的文献综述并对供应链金融的概念做了梳理。我们考查了相关文献的研究贡献，确定了现有文献研究的不足之处与研究空白，并通过相关的案例研究分析了供应链金融工具的市场接受程度。此外，本章还对供应链金融的热点问题（供应链金融牛鞭效应和区块链技术）进行了深入探讨，从而为供应链金融的标准化奠定了基础，并期望相关研究人员在这一主题上展开富有成效的学术和专业研究。

SUPPLY CHAIN FINANCE

Risk management, resilience
and supplier management

第 2 篇
供应链金融实施方案

第 5 章

为零售供应链协调、优化现金流

拉姆·高普兰（Ram Gopalan）

　　拉姆·高普兰是麻省理工学院博士、罗格斯大学卡姆登（Camden）分校商学院教授。在进入学术界之前，他在企业积累了丰富的工作经历，为航空公司和金融服务部门配置和管理决策支持系统。他在罗格斯大学教授本科生和 EMBA 的各种课程，并因其出色的教学成果获得了罗格斯大学校长奖。他的主要研究兴趣包括物流和供应链管理、数据分析和公共部门运行。他还是运筹学和管理科学研究协会瓦格纳奖的决赛入围者，这意味着他在运筹学实践中也有卓越表现。他的研究成果发表于《运筹学研究》（*Operations Research*）、《欧洲运筹学期刊》（*European Journal of Operational Research*）、《运输研究》（*Transportation Research*）和《商业物流期刊》。

* * *

零售品牌经理越来越注重新产品的设计，同时将传统的制造和物流环节进行外包。由于这一趋势，供应链金融中出现了一个新的角色，即零售供应链协调者。零售供应链协调者是零售客户、合同制造商和物流服务提供商之间的中介。零售供应链协调者可能不拥有工厂产能，而只是代表各种零售商为合同制造商提供资金再进行协调。零售供应链协调者还可以代表零售商协调其他增值服务，如产品定制和处理过剩库存。零售供应链协调者需要优化 CCC，并且必须积极主动地管理与零售商和物流服务供应商签订的供应链合同。本章的目的是为零售供应链协调者提供一个现金流管理框架，通过数学规划模型来优化应付账款的履行时间，以及优化从零售商那里收取账款的时间（在某种程度上，零售供应链协调者可以通过供应链契约来影响这一时机）。零售供应链协调者也可以采用本章提出的框架和模型来管理供应链中的汇率风险。

* * *

引言

全球零售品牌的经理们越来越关注新产品的开发和营销，而将传统的制造和物流环节外包给各种服务提供商。由于这一趋势，供应链金融中出现了一个新的角色，即零售供应链协调者。布鲁斯·艾因霍恩（Bruce Einhorn）描述了利丰集团（Li & Fung）作为零售供应链协调者，为零售商丽诗加邦

（Liz Claiborne）提供的服务。尽管丽诗加邦开发了橘滋（Juicy Couture）和凯特·丝蓓（Kate Spade）等品牌，但利丰在丽诗加邦供应链中拥有原材料采购和委托生产的权利。同样，总部位于新加坡的美国代工制造商伟创力（Flex）为电动摩托车制造商 Brammo、联想等全球品牌代工。然而，成为零售供应链协调者也会带来风险，例如，当健康追踪腕带 Fitbit Force 由于会对用户的皮肤造成刺激而被召回时，伟创力会被认为是该产品的正牌制造商。

在供应链中选择有附加值的活动进行代工和外包并不是一个新的趋势。肖恩·塔利（Shawn Tully）和托马斯·马丁（Thomas Martin）在《财富》（*Fortune*）杂志上发表的文章指出，许多著名品牌产品的生产制造地与其在产品说明上列出的起源地实际上相差甚远。亚利桑那冰茶（Arizona Iced Tea）曾经在威斯康星州的拉克罗斯（后来在纽约州）生产。有趣的是，该品牌的两名创始人现在陷入了一场激烈的法律纠纷，起因是印度塔塔集团（Tata）试图买断其中一位创始人的股份，导致双方在亚利桑那冰茶的财务估值上产生了分歧。同样，英国的研发制造公司 Celltech 曾在伦敦附近的工厂里，每年生产约 20 种不同的药物用于临床试验。Celltech 的客户包括强生和瑞士罗氏（Hoffmann La Roche）的美国子公司。品牌产品制造地点的全球分散化为诸如零售供应链协调者这样的中介机构创造了机会，它们可以承担财务风险，并管理这些偏远地区的业务。

此外，传统上供应链管理人员注重通过优化模型实现成本最小化，而战略规划人员关注的是使股东价值最大化。然而，供应链规划人员必须与企业的战略规划团队合作，才能充分发挥作用。曼莫汉·索迪（ManMohan Sodhi）提出了基于情景规划的集成流程，以使这些多元化的学科结合在一起。实际上，外包制造业的决策可能是战略性的。然而，要想让这种外包决策行之有效，就需要一个详细的供应规划模型。本章的目的在于构建详细的供应规划模型，这些模型是使底层业务策略的成功概率最大化所必需的。

本章剩余内容的安排如下：第 2 节回顾了供应链金融的相关文献；第 3 节介绍了零售供应链协调者的运营环境，并强调了使用专门的定量模型来优化现金流的必要性；第 4 节提供了一个确定性的数学规划模型，能够被零售供应链协调者用于优化"何时支付"的问题；第 5 节提供了该数学规划模型的一个数值算例；第 6 节将该模型的适用范围扩展到考虑汇率波动的随机事件；第 7 节对本章内容进行总结，并指明了本领域未来的研究方向。

该领域的前期研究

关于供应链金融和改进供应链运营的数学规划方法的文献非常多。因此，本节分 5 个小节进行一个简短的回顾：现金周转的度量指标、贸易信用对库存策略的影响、考虑汇率的建模、优化供应链的数学规划方法、供应链金融的推动技术。

现金周转的度量指标

管理者需要量化指标，并在此基础上评估和改善供应链的绩效。现金周转的度量指标是供应链财务绩效的重要晴雨表，其主要反映在三个方面：应收账款的获取速度（尽可能缩短）、应付账款的支付速度（尽可能拉长）和库存持有天数（尽可能减少）。蔡志扬（Chih-Yang Tsai）、兰德尔和法里斯进一步研究和扩展了现金周转的度量指标。鉴于零售供应链协调者不一定拥有工厂或设备，而主要作为供应链活动的融资者，那么现金周转度量指标则是衡量零售供应链协调者是否成功的重要指标。本章（第 3 节、第 4 节和第 5 节）概述的优化方法可能是一个改进零售供应链协调者的现金周转度量的系统性方法。

贸易信用对库存策略的影响

贸易信用的可获得性也会影响供应链伙伴承担的风险和持有的库存数量。迪瓦卡尔·古普塔（Diwakar Gupta）和王雷（Lei Wang）提出了一个考虑贸易信用的随机库存模型。他们研究了随机需求下的最优库存策略。研究结果表明，信贷条件影响最优策略的参数，但不影响最优策略的结构，如策略本身。然而，在他们的模型中，零售商直接向供应商订货，而不需要像零售供应链协调者这样的中介。伊里·霍德（Jiri Chod）考虑了类似的情况，即一家零售商从一家供应商获得多个产品的债务融资。他指出，债务融资带来的风险转移导致零售商更青睐利润率高、残值低的商品。杨和伯奇将贸易信用分析扩展到零售商能够从多个渠道（如贸易信贷和银行）获得融资的领域。他们发现，如果零售商的财务状况良好，贸易信贷将是它们在融资时的首选。但是，如果零售商面临资金困境，贸易信贷和银行贷款的组合策略可能是为库存采购融资的最佳选择。拉玛·穆萨维 - 海德尔（Lama Moussawi-Haidar）等人提出了允许延期支付的三级供应链的协调机制。在已有的贸易信用研究中，人们通常考虑让零售商直接与供应商确定信贷条款。而本章考虑的情景更为复杂，其中零售供应链协调者起着缓冲器的作用，在多个零售商和多个供应商之间进行调节。此外，零售供应链协调者可以整合来自多个供应商的产品，并代表零售商对产品进行组合。因此，零售供应链协调者承担着多种风险，包括需求风险和汇率风险。

考虑汇率的建模

供应链日益全球化，产品和零部件可能来自多个国家。考虑到汇率可能存在波动，跨国企业必须制定系统的方法来规避汇率风险。布鲁斯·科格特（Bruce Kogut）和纳林·库拉蒂拉卡（Nalin Kulatilaka）在该领域的早期贡献是描述了拥有跨国运营网络的企业的"期权价值"。阿恩德·胡赫策迈尔（Arnd Huchzermeier）和莫里斯·科恩（Morris Cohen）衡量了汇率风险下的运营灵活性的价值。他们构建了一个随机动态规划方程来评估在具有转换成本（即从一个国家转换到另一个国家的成本）的情况下企业如何选择全球制造战略，其主要贡献在于提供了一种可以用来评估企业的财务和运营对冲策略的分析方法。斯里拉姆·达苏（Sriram Dasu）和李骆德（Lode Li）模拟了一家在多个国家开设工厂的公司需要在每个国家生产多少产品及何时将生产从一个国家转移到另一个国家的决策。结果发现，如果转换成本是线性的，那么最优策略是障碍策略（Barrier Policy）。布拉克·卡萨兹（Burak Kazaz）、马克布勒·达达（Maqbool Dada）和赫伯特·莫斯科维茨（Herbert Moskowitz）讨论了一个类似的全球生产规划问题，该问题的特点在于企业可以在观察汇率后再进行生产分配。他们通过生产对冲（生产低于需求）和分配对冲（将生产从一个国家转移到另一个国家）的形式来确定最优策略。约瑟夫·巴鲁尼克（Jozef Barunik）、托马斯·克雷里克（Tomas Krehlik）和卢卡斯·瓦查（Lukas Vacha）提供了一种能够与现有方法相媲美的汇率波动预测方法。对汇率波动的精确预测使零售供应链协调者能够更好地管理其财务状况。同样，帕斯夸莱·柯尔特（Pasquale Corte）、塔伦·拉玛多莱（Tarun Ramadorai）和卢西奥·萨诺（Lucio Sarno）提出了一种通过汇率波动创造金融价值的外汇交易策略。零售供应链协调者可以通过采用这种金融工程方法来减轻汇率波动的影响并从中获益。最后，关于汇率不确定性的供应链研究大都仅考虑单个企业规划，而在存在零售供应链协调者的情况下，供应商和最终客户（零售商）可能来自多个国家，从而带来额外的运营复杂性。

优化供应链的数学规划方法

供应链中包含许多成本要素，如采购、生产、库存和运输。数学规划方法可以提供一种理想的模型来同时管理所有的成本要素。何塞法·穆拉（Josefa Mula）等人回顾了用于优化供应链的数学规划模型。卡洛斯·维达尔（Carlos Vidal）和马克·戈茨卡尔克斯（Marc Goetschalckx）开发了一种复杂的分析方法，用来在供应链成员之间分配运输成本，并确定货物在国家之间的最优转移定价。卡纳安·巴拉吉（Kannan Balaji）和努卡拉·维斯瓦纳德汉姆（Nukala Viswanadham）设计了一种优化模型，其具体针对的是税收一体化供应链规划。潘泰利斯·隆吉尼迪斯（Pantelis Longinidis）和迈克尔·乔治亚迪斯（Michael Georgiadis）提出了一种供应网络的优化方法，其允许对某些资产提供回租机制。苏希尔·古普塔（Sushil Gupta）和考希克·杜塔（Kaushik Dutta）将发票支付问题归纳为整数规划问题，并提出了一些启发式算法进行求解。本章的内容与这一领域密切相关，第 4 节提出的数学规划模型可以帮助零售供应链协调者优化各种应付账款的时间安排。

供应链金融的推动技术

查尔斯·布莱恩特（Charles Bryant）和卡梅里内利设计了一份基于欧洲背景的供应链金融实施指南，并强调电子发票将成为供应链金融的推动技术。霍夫曼提出了供应链金融的概念框架，确定了该项目获得成功所需的许多关键机构参与者。曼纽尔·舒尔策（Manuel Schulze）、斯特凡·苏沃林（Stefan Seuring）和克里斯蒂安·埃韦林（Christian Ewering）阐述了作业成本法在供应链中的应用。作业成本法从流程的视角看待供应链运营，从某种意义上说，它与从整体角度考虑的系统的数学规划模型截然不同。莫尔和巴苏讨论了印度发展供应链金融时会遇到的挑战。他们认为，缺乏供应链金融的知识和信息及现有的电子支付系统是印度发展供应链金融的主要障碍。武特克等人对欧洲最近的几个供应链金融实施案例做了研究。格尔德·哈恩（Gerd Hahn）和海因里希·库恩（Heinrich Kuhn）提出了一种基于模型的价值管理方法，这是一种能最大化股东价值的框架，对企业现金流的有效管理是该框架的一个重要组成部分。汉斯 - 克里斯蒂安·福尔（Hans-Christian Pfohl）和戈姆对供应链中的资金流进行了综述，卢卡·杰尔索米诺（Luca Gelsomino）等人也对供应链金融进行了综述。杰尔索米诺等人还提出了一个与本章主题密切相关的折扣支付（即如果在规定的到期日之前付款，则对付款给予折扣）的数学模型框架。达莫达尔·戈尔哈尔（Damodar Golhar）和班纳吉提出了零售供应链协调者会遇到的产品定制问题，并研究了如何制定策略来确定在了解零售商的需求之前应采取的最优产品定制量。他们认为，在了解需求之前，如果定制的产品太少，将会因无法满足所有零售商的需求而产生收入损失；如果定制的产品过多，超额库存就会积压，而这些超额库存的残值很少甚至没有。最后，他们在实践中对现金流进行了优化。肯尼思·希尔顿（Kenneth Hilton）为 Intuit 公司开发了一种优化应付账款付款时间的遗传算法，并获得了专利。

接下来，本章第 3 节将描述零售供应链协调者的运营环境，并介绍"何时付款"的问题，第 4 节将重点介绍数学规划模型的细节。

零售供应链协调者的"何时支付"问题

图 5.1 说明了零售供应链协调者的运营环境。零售供应链协调者持续协调向多个零售商 R_i（$i=1,\cdots,m$）交付产品和服务。零售商 R_i 向零售供应链协调者支付的款项受合同约束。假设合同条款是固定的，有一些数学规划方法能帮助公司确定与供应商和客户的合同条款。零售商 R_i 与零售供应链协调者之间的固定合同是在双方都满意的情况下进行协商的，但是根据零售供应链协调者规模的不同，零售商可能拥有不同的议价能力。在合同中，零售供应链协调者将规定每一张发票的付款到期日。合同条款还规定了对提前付款的奖励和对逾期付款的惩罚。

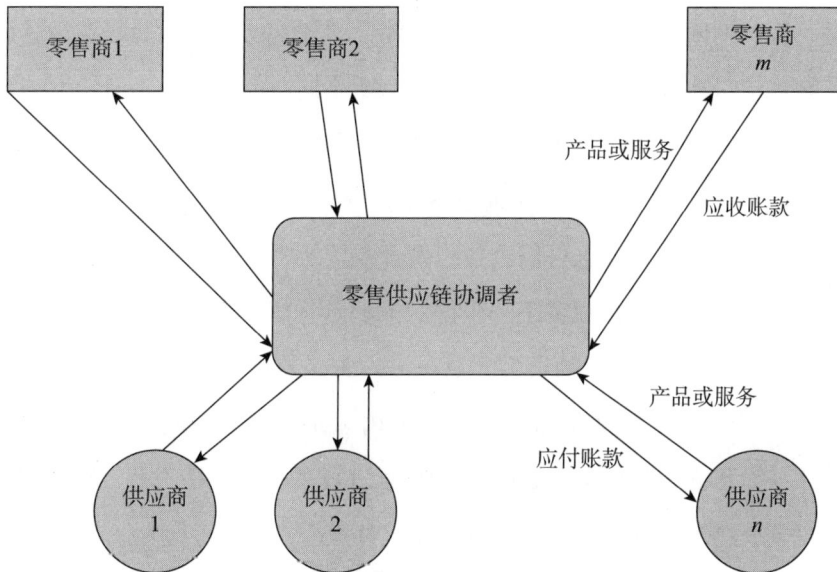

图 5.1　零售供应链协调者的应收账款和应付账款资金流

零售供应链协调者根据与供应商 C_j（$j=1,\cdots,n$）签订的合同来为零售商 R_i

93

协调产品的生产。零售供应链协调者根据供应合同向每家供应商 C_j 付款，并试图在合同条款允许的情况下尽可能地推迟付款期（即零售供应链协调者的应付账款）。供应商 C_j 规定了每一张发票的到期日，并规定了提前付款的奖励和延迟付款的惩罚。供应商 C_j 与零售供应链协调者之间的合同性质将取决于它们的相对议价能力，但通常认为零售供应链协调者比每家供应商 C_j 更有优势。

零售供应链协调者设有营运资本账户，负责收取零售商支付的款项，以及向供应商支付款项。零售供应链协调者还可以从贷款机构（如银行）获得信贷额度。零售供应链协调者在获取信贷额度时需要支付一笔固定费用（例如，无论是否使用信贷，该费用占总信贷额度的 1%~2%）。零售供应链协调者可以通过提取信贷额度，每日向账户中增加营运资本，也可以利用信贷额度进行较长期限的借贷。贷款的成本可能会因贷款的金额和期限及贷款机构对零售供应链协调者信用评级的不同而有所不同。但是，为了简化下一节中的数学规划模型，此处假定零售供应链协调者的账户只能以天为单位增加（通过提取信贷额度）或减少（通过返还信贷额度）营运资本。

零售供应链协调者也可以选择将现金投资于不同期限的各种证券。每种类型的投资都会将现金锁定于一个固定的期限（如一个月的货币市场证券基金）。零售供应链协调者的资金主管——通常是首席财务官（Chief Financial Officer，CFO），希望优化固定计划周期内（如未来两周或一个月）的现金流。下一节将介绍的数学规划模型可作为 CFO 的决策支持工具，帮助其通过提取信贷额度来规划现金支出、投资并应对营运资本的通货膨胀。

运用数学规划模型求解"何时支付"现金流优化问题

零售供应链协调者将通过滚动周期（如每个星期/月的第一天）来优化"何时支付"问题，从而决定下一个计划周期内某笔应付账款的确切付款日期。假定付款是通过电子支付的方式在一周中的任何一天（周一至周五）进行的。在用"何时支付"优化算法进行求解时，规划周期本身就是建模时需要考虑的一个问题。较长的规划周期（如一个月）允许零售供应链协调者同时考虑更多的事件，而较短的规划周期（如一周）要求结果动态更新以反映新近获得的市场信息。在下述模型中，我们假设从零售商处收到付款的日期是已知且固定的（这是一个重要的假设）。如果从零售商收到付款的确切日期是未知的，则应更新模型，以包含每个零售商的预期付款日期的概率分布。这种概率分布可以根据零售商的历史支付数据来估计。我们还可以将零售商"最有可能"或"平均"的付款日期作为一个启发式算法的起点纳入该数学规划模型。另一种方法是将付款日期的不确定性系统地纳入随机规划模型（详见本章第 6 节）并在多种情况下进行优化。在接下来的讨论中，我们假设第 t 天收到的总账款是一个已知的参数。

模型参数/输入

下标 $j=1,\cdots,K$，表示计划周期内到期应付的所有债务。

下标 $k=1,\cdots,K$，表示所有可投资的（短期）证券。不同的证券可能有不同的偿付期限 P_k。所有的投资都是在营业日开始时进行的（即第 k 种证券的偿付期限 P_k 包括投资证券 k 的当天）。例如，如果在第 2 天开始时投资一种期限为 3 天的证券，那么该证券在第 5 天就能以现金形式兑现。

设 a_k 为投资证券 k 的收益（每日）。

R = 零售供应链协调者储蓄存款账户的每日无风险利息收入，即没有用于投资或者偿还债务的资金每日赚取的钱。

P = 借用的营运资本的每日超期罚款。一般来说，借入的任何营运资本都有相应的期限限制，即必须在某一日期前全部还清。为了简化表述，假设营运资本借贷都是以天为单位计算的。

下标 $t=1,\cdots,T$，表示时间。每个第 t 天都代表一个决策点，用于决定现金是被用来进行投资，还是被用来偿还债务。规划周期为 T 天。

D_j = 负债项目 j 的总价值。

B_{jt} = 在第 t 天偿还第 j 笔债务的好处。（注意：供应商经常为提前还款提供奖励，并对延迟还款施加惩罚）。B_{jt} 的计算方式取决于第 j 笔应付账款的具体合同条款。一般的算法是 B_{jt} =（在到期日支付 j 的成本－在第 t 天支付 j 的成本）。

AR_t = 第 t 天预计的应收账款。

C_0 = 决策期开始时持有的现金。

LOC = 从贷款机构获得的最高信贷额度（营运资本借款总额不得超过该额度）。

模型决策变量

如果债务 j 在第 t 天支付，则 $X_{jt}=1$。

Y_{kt} = 第 t 天投资于第 k 种证券的金额。

TY_{kt} = 第 t 天锁定于第 k 种证券的总金额（投资于尚未到期的证券 k 的金额）。

Z_{kt} = 第 t 天投资第 k 种证券到期后回笼的资金金额。

C_t = 第 t 天结束时持有的现金。

W_t = 第 t 天借入的营运资本。

WP_t = 第 t 天归还（偿还）的营运资本。

WC_t = 第 t 天结束时未偿还的营运资本借款总额。

优化模型：目标函数

最大化

$$\sum_{t=1}^{T}\sum_{j=1}^{N}B_{jt}X_{jt} + R\sum_{t=1}^{T}C_t - P\sum_{t=1}^{T}WC_t + \sum_{t=1}^{T}\sum_{k=1}^{K}a_k TY_{kt}$$

优化模型：约束条件

$$\sum_{t=1}^{T}X_{jt} = 1. \quad j = 1,\cdots,N. \tag{1}$$

$$C_{(t+1)} = C_t + \left\{W_{(t+1)} - WP_{(t+1)}\right\} + \sum_{k=1}^{K}Z_{k(t+1)} + AR_{(t+1)} - \sum_{k=1}^{K}Y_{k(t+1)} - \sum_{t'=(t+1-p_k)}^{t}Y_{kt'}$$

$$t = 0,\cdots,(T-1). \tag{2}$$

$$Z_{kt} = Y_{k(t-p_k)}, \quad k = 1,\cdots,K, \quad t = 1,\cdots,T. \tag{3}$$

其中，p_k 是第 k 种证券的偿付期。

$$WC_t \leqslant LOC, \quad t = 1,\cdots,T. \tag{4}$$

$$TY_{kt} = \sum_{t'=(t+1-p_k)}^{t}Y_{kt'}, \quad k = 1,\cdots,K, \quad t = 1,\cdots,T. \tag{5}$$

$$WC_t = WC_{(t+1)} + W_t - WP_t, \quad t = 1,\cdots,T. \tag{6}$$

变量 X_{jt} 为 0 或 1，其他变量都大于等于 0。

$$j = 1,\cdots,N, \quad t = 1,\cdots,T. \tag{7}$$

该模型未考虑信贷额度的运营费用，因为即使信贷额度从未被使用过，它也是一个沉没成本。此外，为了简化模型，超过 1 天的营运资本贷款（可能有不同的期限）也不予考虑。假设第 0 期及之前的所有数据都是已知的，例如，如果一种证券在第 1 期到期，但投资是在第 −2 期进行的，则假设此类投资金额是已知的，就像在规划期开始时持有的现金为 C_0 一样。

在上述模型中，目标函数是最大化收益组合，该组合包括在特定日期支付债务的收益（基于零售供应链协调者与供应商的合同）、持有现金的利息收入、证券投资收入，减去信贷额度中借贷营运资本的罚金。约束条件（1）确保所有债务都在规划期间的某一天得到偿还。约束条件（2）是最复杂的，它表示从这一天到下一天的现金流量（本质上，该约束条件规定了第 t+1 日现金 = 第 t 天现金 + 投资调整额、到期投资收到的现金及对营运资本借款的调整额）。约束条件（3）对投资日期与到期日期进行匹配。约束条件（4）表明营运资本借款总额不能超过信贷额度。约束条件（5）是在任何给定的一天，每种证券中锁定的现金总额。约束条件（6）是任意营运资本流的平衡方程。最后，约束条件（7）表明债务支付变量 X_{jt} 为 0 或 1，而其他所有变量都是大于等于 0 的连续变量。上述问题是一个混合整数规划问题，可以使用 CPLEX 或 Gurobi 等商业工具求解。该问题的较小实例甚至可以用 Microsoft Excel 求解。下一节将介绍该模型的一个数值算例。

数值算例

图 5.2 展示了数值算例涉及的现金流参数。零售供应链协调者必须在 5 天（一周的工作日）的计划周期内规划现金支付。在规划期开始时，财务主管的现金余额为 1 万美元。在该周的第 2 天、第 3 天和第 5 天将有 3 笔应收账款计入账户，相应的应收账款金额为 5 万美元、6 万美元和 11 万美元。

在该周内，零售供应链协调者有 2 笔到期的应付账款，金额分别是 10 万美元和 10.5 万美元。当然，只要账户中有足够的现金，这两笔款项都可以在该周（周一至周五）的任何一天支付。表 5.1 展示了在不同日期付款的收益（具体的收益是根据零售供应链协调者与两家供应商签订的供应合同确定的）。

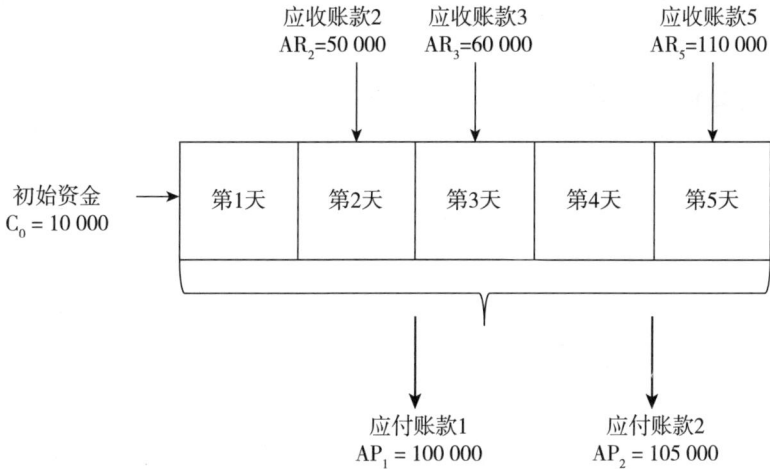

图 5.2　数值算例涉及的现金流

表 5.1　在一周内的不同日期偿还两笔债务的相对收益

单位：美元

收益 B_{jt}	第 $t=1$ 天	第 $t=2$ 天	第 $t=3$ 天	第 $t=4$ 天	第 $t=5$ 天
$AP_{j=1}$	3 000	2 500	0	−2 500	−5 000
$AP_{j=2}$	3 500	3 000	2 000	0	−10 500

对于应付账款 1，供应商希望最迟在第 3 天收到付款，会对提前付款给予奖励，对延迟付款予以惩罚。与此类似，应付账款 2 在第 4 天到期，但在此情况下，如果零售供应链协调者延迟到第 5 天付款，供应商将会收取高额的逾期罚金。零售供应链协调者只有一种投资选择，且在工作日当天结束时，账户上的现金余额会收到相应的利息收入。账户的无风险年利率为 5%，即账户中的每 1 美元现金每天的收益为 $R=1 \times 5\% \div 365=0.000\,137$（美元）。同时，零售供应链协调者还要维持信贷额度，维持信贷额度的固定费用为信

贷总额的 2%。信贷额度内的贷款年利率为 16%，则每日营运资本的借款成本（每 1 美元借款）为 $P=1 \times 16\% \div 365=0.000\,44$（美元）。对于以上参数，我们考虑两种不同的信贷额度规模：$LOC=100\,000$ 美元（支付 2 000 美元/年的费用）和 $LOC=50\,000$ 美元（支付 1 000 美元/年的费用）。

优化模型：目标函数

最大化

$$\sum_{t=1}^{5}\sum_{j=1}^{2}B_{jt}X_{jt}+R\sum_{t=1}^{5}C_t-P\sum_{t=1}^{5}WC_t$$

优化模型：约束条件

约束条件（1）：两笔债务需要在 5 天中的任意一天偿还清算。

$$X_{11}+X_{12}+X_{13}+X_{14}+X_{15}=1$$
$$X_{21}+X_{22}+X_{23}+X_{24}+X_{25}=1$$

约束条件（2）：计算每天结束时所持有的现金（营运资本变量 W_t、WP_t 的含义参照之前的变量定义）。

$$C_1=10\,000+W_1-WP_1-100\,000X_{11}-105\,000X_{21}$$
$$C_2=C_1+W_2-WP_2-100\,000X_{12}-105\,000X_{22}$$
$$C_3=C_2+W_3-WP_3-100\,000X_{13}-105\,000X_{23}$$
$$C_4=C_3+W_4-WP_4-100\,000X_{14}-105\,000X_{24}$$
$$C_5=C_4+W_5-WP_5-100\,000X_{15}-105\,000X_{25}$$

约束条件（3）：不相关，因为除了现金没有其他投资选项。

约束条件（4）：所有的 WC_1、WC_2、WC_3、WC_4、$WC_5 \leqslant LOC$，但是该模型需要计算两次，分别设定 $LOC=100\,000$ 美元、$LOC=50\,000$ 美元，以分析 LOC 规模变动所产生的影响。

约束条件（5）：不相关，因为除了现金没有其他投资选项。

约束条件（6）：营运资本平衡方程（注意：$WC_0 = 0$，在规划周期开始时持有的 1 万美元现金不是营运资本贷款）。

$$WC_1 = WC_0 + W_1 - WP_1$$

$$WC_2 = WC_1 + W_2 - WP_2$$

$$WC_3 = WC_2 + W_3 - WP_3$$

$$WC_4 = WC_3 + W_4 - WP_4$$

$$WC_5 = WC_4 + W_5 - WP_5$$

约束条件（7）：变量X_{jt}为 0 或 1，其他变量都大于等于 0。

即使是这个简单模型的数学规划也包含 30 个决策变量和 17 个约束条件。使用 Microsoft Excel 的求解功能，对两种信用额度规模分别进行求解。当 LOC=100 000（美元）时，最优解的值为 4871.92 美元，应付账款 1 在第 1 天支付，应付账款 2 在第 3 天支付。该方案大量地使用了营运资本贷款，在当周的前四天分别借款 9 万美元、4 万美元、8.5 万美元和 8.5 万美元。第 5 天结束时可用的现金余额为 2.5 万美元，但在其他日期没有可用的现金。

当 LOC=50 000（美元）时，我们观察到一个异常解。在这种情况下，最优解的值为 − 2 010.82 美元。有趣的是，应付账款 1 在第 2 天支付，而应付账款 1 直到第 5 天才支付。零售供应链协调者需要在第 2 天借入一笔 4.5 万美元的营运资本贷款来偿还第 2 笔应付账款。这 5 天每天结束时的现金持有量分别是 1 万美元、0 美元、1.5 万美元、1.5 万美元和 2.5 万美元。出现这一异常解的原因是营运资本贷款上限被设定为 5 万美元，因而营运资本贷款一次只能用于偿还其中一笔应付账款。该模型选择先支付应付账款 2，因为其逾期的惩罚比较重。然而，考虑到现金储备比较少，这意味着在第 5 天收回最后一笔应收账款之前，零售供应链协调者无法全额支付应付账款 1。

下一节将概述一种扩展该数学规划模型的方法，以将汇率波动等不确定性纳入考虑。

不确定性建模的鲁棒优化方法

鲁棒优化（Robust Optimization）是确保所提出的数学规划模型在各种不确定因素中仍然保持可行性的操作。在第 4 节提出的数学规划模型中，如果支付时需要进行货币转换，则在第 t 天偿还第 j 笔债务获得的收益 B_{jt} 可能会发生改变。同时，被报价货币（零售供应链协调者的营运资本账户内的货币）与供应商 C_j 的支付货币之间的每日汇率波动可能很大。其他不确定性因素可能是来自零售商的应收账款未按期收到，或者投资于某一证券 k 的日常收益 a_k 有所波动。本节概述了一种随机规划方法，以将不确定性考量纳入零售供应链协调者的数学规划模型中。

随机规划方法是以样本均值逼近法为基础的。冯严（Yan Feng）等人已将样本均值逼近法用于销售和运营规划。在两阶段随机优化中，决策变量分为阶段一变量（需要在观察到不确定场景之前决策）和阶段二变量（在特定的不确定场景出现后才能做出的最优决策）。零售供应链协调者仅通过推理确定了信贷额度的大小，还必须考虑汇率及应收账款实现日期的不确定性来做出最优付款日期决策（为了简化表达，我们将忽略证券投资收益的不确定性，因为我们可以很容易地将其合并到下述情况）。因此，特定场景 ω 将包括汇率波动 $B_{jt}(\omega)$ 和应收账款实现日期的不确定性 $AR_t(\omega)$。样本均值逼近法的具体算法如下。

零售供应链协调者的样本均值逼近算法

第一步：设定信贷额度的规模。

第二步：训练步骤。使用蒙特卡罗模拟方法（Monte Carlo Simulation）生成 N_1 个独立场景 $\omega1$，每个场景 $\omega1 = \{B_{jt}(\omega1), AR_t(\omega1)\}$ 的规划周期为 T。

第三步：训练步骤。用第 3 节的数学规划方法求解每个场景 $\omega1$。令 $v(\omega1)$ 表示场景 $\omega1$ 的最优解决方案，令 $X_{jt}(\omega1)$ 表示场景 $\omega1$ 的最优付款日期。计算随机规划方法的真实最优值上界，记为 $UB = \dfrac{1}{N_1} \sum_1^{N_1} v(\omega1)$。

第四步：测试步骤。使用蒙特卡罗模拟方法生成 $N_2 \gg N_1$ 个独立场景 $\omega2$，其中每个场景 $\omega2 = \{B_{jt}(\omega2), AR_t(\omega2)\}$ 的规划周期为 T。

第五步：测试步骤。对于每个场景 $\omega2 \in N_2$，计算在场景 $\omega2$ 下实施支付方案 $X_{jt}(\omega1)$ 的成本，记为 $f(X_{jt}(\omega1), \omega2)$。随后，对随机规划（实施支付方案 $X_{jt}(\omega1)$ 时）的目标函数进行估算，记为 $F(X_{jt}(\omega1)) = \dfrac{1}{N_2} \sum_1^{N_2} f(X_{jt}(\omega1), \omega2)$，$LB(X_{jt}(\omega1)) = F(X_{jt}(\omega1))$ 是随机规划方法的真实最优值下界。

第六步：计算方案的最优差距 $X_{jt}(\omega1) = \text{Max}\{0, UB - LB(X_{jt}(\omega1))\}$。

第七步：选择最优的支付方案 $X_{jt}(\omega^*) = \overset{argmin}{\omega1} \text{Max}\{0, UB - LB(X_{jt}(\omega1))\}$。

上述样本均值逼近算法的步骤与最近的机器学习文献中的规范一致。首先，生成（相对较少的）训练场景 $\omega1$。对每个训练场景 $\omega1$，通过求解第 3 节中的数字规划方法，得到最优支付方案 $X_{jt}(\omega1)$。然后，生成一些测试场景 $\omega2$，将从训练场景中得到的支付方案应用于测试场景。根据测试集中所有场景的平均值评估每个支付方案，最优支付方案为最大化测试场景 $\omega2$ 优化方案的平均值（或者说最小化最优差距）。安东·克莱韦格特（Anton Kleywegt）、亚历山大·夏皮罗（Alexander Shapiro）和提托·霍曼 - 德 - 梅洛（Tito Homem-de-Mello）为算法上界和下界的有效性及算法整体的正确性提供了技术参考。虽然优化模型是规范的，但必须强调的是，在开发稳健的解决方案时，零售供应链协调者必须以迭代的方式运用样本均值逼近法，例如，在规划周期内设定不同大小的 LOC 进行测试。

结论及未来的研究方向

综上所述，零售商越来越专注于品牌建设的核心活动（如新产品开发等），而将传统的制造、物流等供应链环节外包出去。在这一趋势下，零售供应链协调者能够发挥财务和运营中介的作用，为零售商提供多项增值服务，具体如下。

- 与多个供应商协调外包制造。
- 从财务角度对零售商的外包活动进行投资，同时在最终产品交付时向零售商收款。因此，外包活动所需的营运资本由零售供应链协调者承担。
- 根据零售商的要求定制产品。
- 在零售商的需求低于预期时承担库存风险。
- 办理其他业务，例如，与中介银行协调、办理通关手续等。考虑到供应网络的全球化运营环境，汇率波动也可能影响零售供应链协调者的财务收益。

零售供应链协调者扮演着重要的金融中介角色，因此，现金流管理对零售供应链协调者来说是最重要的。本章为零售供应链协调者提供了一个现金流管理框架，提出了一个可用于优化向供应商付款时间的数学规划模型，这种决策支持工具可以直接帮助零售供应链协调者优化 CCC。汉斯·达伦巴赫（Hans Daellenbach）曾质疑使用复杂的优化技术来管理现金流的有效性。然而，与那时相比，优化方法和计算能力都有了很大的发展。此外，如今公司的财务主管还可以获得非常准确、实时的市场状况信息。这些环境因素促进了复杂的优化方法在供应链金融中的应用，并使人们对这一领域产生了新的兴趣。

零售供应链协调者的商业模式是建立在作为中介为供应链合作伙伴降低若干风险的基础之上的。对零售商来说，零售供应链协调者承担着库存持有风险。如果零售商的需求疲软，零售商向零售供应链协调者订购的产品数量减少，则零售供应链协调者必须以某种方式回收多余的库存，或翻新产品以供替代使用。利用分析模型对冲库存风险，并将这种风险纳入现金流管理是一个重要的研究领域。目前，管理汇率风险的期权工具市场也非常成熟。使用外汇期权成为零售供应链协调者减少汇率波动带来的低回报影响的一种方案。在何种程度上必须通过期权策略来降低汇率风险，以及如何组合使用零售供应链协调者的分析工具，都需要进一步的学术研究。

零售供应链协调者还可以为其承包商执行风险管理任务。尽管它们都在全球范围内经营业务，但是许多供应商可能都是小型企业，都依赖稳定的现金流来发展业务。保理业务（在应收账款到期前预付现金）尚未在全球采购环境中得到充分研究。因此，对零售供应链协调者而言，保理合作伙伴可能也是一个理想的角色。零售供应链协调者还必须了解供应链合作伙伴破产可能带来的信用风险。先进的技术（如电子发票等）可能会加快应收账款的到账速度，或至少为何时将应收账款计入账户提供一个更准确的预测。为了充分发挥现金流管理的潜力，资金经理还必须了解电子发票、电子采购、电子拍卖和现金流优化等新技术的内在运作机制。

最后，本章提出的框架仍然存在一定的局限性。尚卡尔·加内桑（Shankar Ganesan）等人强调了研究定性问题的作用，如供应链合作伙伴所表现出的社会责任感，以及它对零售商绩效的影响。还有许多类似的问题可能很难在一个定量模型框架中被完全刻画。本章提出的现金流管理框架仅假设了一个静态环境，并忽略了一些意外造成的现金流中断的情况，如供应商无法按时完成指定的外包任务。另外，只有当应付账款债务清单能够得到实时维护和更新时，本章提出的现金流量管理框架才能成功实施。相比于复杂的优化方法，许多财务人员可能更倾向于使用经验法则来管理应付账款。因此，只有当零售供应链协调者拥有非常庞大的金融投资组合时，本章提出的框架才会有更好的表现。零售供应链协调者的资金管理人员必须评估这种优化方法应该在内部构建，还是外包给更专业的顾问。无论哪种情况，开发和维护优化模型所需的成本都必定超过通过管理营运资本而提升的效率所节省的成本。因此，在推行此类项目之前，管理人员必须评估项目的整个生命周期。

第 6 章

管理应付账款折扣，为供应链提供融资机会

特德·法里斯（Ted Farris）

特德·法里斯是俄亥俄州立大学博士、北得克萨斯大学营销与物流系教授。2008 年，他获得奥地利 – 美国富布赖特学者（Fullbright Scholar）称号，目前是查恩·乌斯瓦稠凯国际学者（Charn Uswachoke International Scholar）。他在各大期刊上发表了 140 多篇文章和经济报告，这些期刊包括《商业物流》（*Business Logistics*）、《物流管理国际期刊》、《运输期刊》（*Transportation Journal*）、《物资配送与物流管理国际期刊》、《运输管理期刊》（*Journal of Transportation Management*）、《前沿商业研究期刊》（*Journal of Advanced Business Research*）、《人员推销与销售管理期刊》（*Journal of Personal Selling and Sales Management*）和《战略财务》（*Strategic Finance*）。

索尼娅·海托华（Sonja Hightower）

索尼娅·海托华是北得克萨斯大学的会计学博士，并且是致同（Grant Thornton）会计学博士研究员。在获得博士学位之前，她主要在金融行业工作。她在会计、审计、财务和银行领域拥有 20 多年的工作经验，并曾担任远景银行（Vision Bank）的内部审计与合规高级副总裁。她拥有多个专业证书，包括注册会计师、全球特许管理会计师、CMA 和国际注册内部审计师等。

引言

　　传统的供应链管理强调对零部件和成品的物流进行管理。虽然在利用供应链处理产品的实物流和库存管理方面已经取得了进展，但人们对资金流的关注较少。供应链管理的下一个发展阶段是多个贸易伙伴之间的供应链金融管理。本章讨论了在整个财务供应链层面管理付款折扣的可能性。因为一个贸易伙伴的应付账款是另一个贸易伙伴的应收账款，以及每个贸易伙伴都有其固有的优势（例如，拥有不同的加权资本成本或不同的资金获取能力），所以贸易伙伴之间的财务联系可以使充分利用每个贸易伙伴的优势成为可能，进而造福整个供应链。

　　为了评估过去几十年的供应链变化，我们分析了《研究视野》（Research Insight）8.4.1.31 中的数据和 1985—2014 年 17 675 家上市公司的年度财务报表信息。收集的数据包括总销售额、主营业务成本、毛利润、应付账款、存货和应收账款，以及应付账款、存货和应收账款的周转天数。为了进行分析，我们剔除了离中位数超过两个标准差的极端异常值。这种方法遵循了海莫·洛斯比克勒（Heimo Losbichler）和马库斯·罗斯博克（Markus Rothböck）的建议，他们得出的结论是，极值对观测值的平均值有很大的影响，但对中位数的影响很小。总之，应付账款和应收账款会随时间发生变化，如图 6.1 所示。这一变化可能是因为出现了与付款流程有关的技术改进及付款流程日益受到重视。

天数

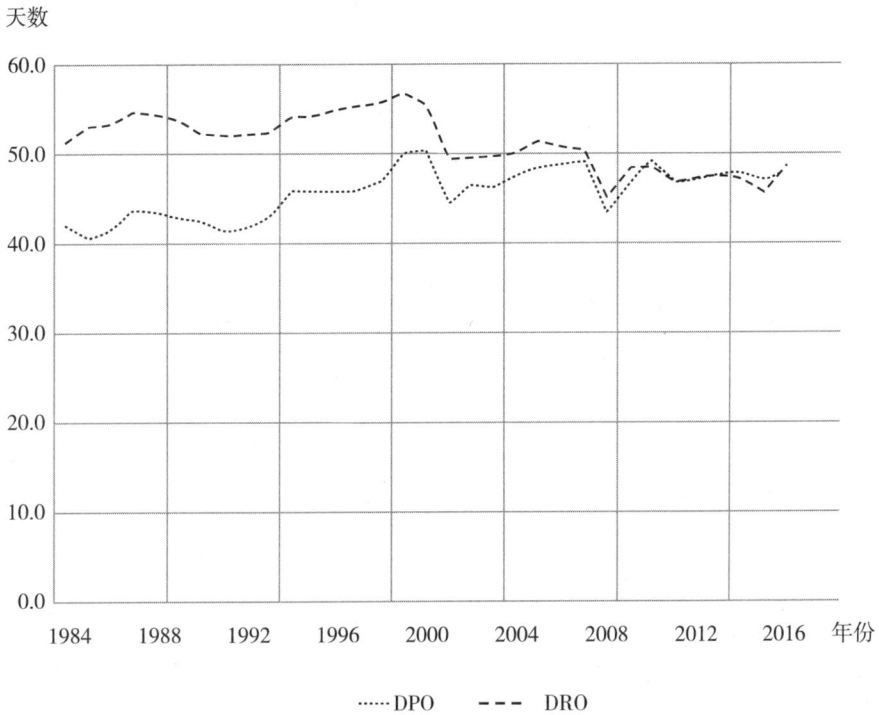

······ DPO　　- - - DRO

图 6.1　所有行业的 DPO 和 DRO 的纵向变化

提前付款折扣计划：下一个唾手可得的成果

为了定义供应链金融，调研机构阿伯丁集团（Aberdeen Group）调查了 145 位财务主管，以了解他们如何看待供应链金融。在表 6.1 中，排在第一位 的是提前付款折扣计划（63% 的最终用户和 51% 的供应商提及该项目），这表 明这可能是企业在改善供应链金融方面进行的首要尝试，也是企业唾手可得的 成果。提前付款折扣计划是本章的重点内容。通过折扣，每个贸易伙伴都得到 了既得利益：买方支付较低的单位成本，而供应商则可以提前收款以改善现金 流。阿伯丁集团预计，如果无法通过利用现金折扣提前付款来使现金流最大 化，交易成本就会增加 1%~5%。

表 6.1　供应链金融的组成要素

项目	最终用户（采用比例）	供应商（采用比例）
提前付款折扣计划	63%	51%
国内交易融资	60%	55%
国际交易融资	51%	61%
贸易融资（信用证、开户等）	44%	61%
基于实体供应链中事件的融资触发器	31%	49%
利用金融中介机构	29%	51%
保理	16%	45%
反向保理 / 福费廷	14%	53%

来源：阿伯丁集团

除了提前付款折扣计划，还有其他可以用来改善现金流的方法。传统的 保理方式福费廷（Forfaiting）即以折扣价出售应收账款是其中的一种方法， 但这可能会大大减少供应商的利润。这种方法的创新为反向保理，即买方利 用其资金以较低的利息帮助供应商为应收账款融资。联合包裹（UPS）介绍了一个反向保理的例子。

假设有一个实力强大的买方（如信用评级为 AA 的买方）从实力较弱的供应商（如信用评级为 BBB 的供应商）那里赊账购买货物，并承诺在 40 天内付款。需要流动资金的供应商将应收账款以高成本出售给银行，假设贷款利率为 15%。这个成本很高，因为首先银行要保护自己免受买方不向供应商付款的风险，其次供应商的资金实力很弱，如果买方不付款，供应商可能无法偿还银行的贷款。

买方连同其银行向供应商提出如下建议："只要你需要流动资金，你就可以把应收账款卖给该银行，该银行只收取你 6% 而不是 15% 的利息。作为回报，我将在 80 天而不是 40 天内付款。"银行愿意只收取 6% 的利息，是因为它得到了买方的承诺，即买方会在到期日付款（请记住，买方的财务状况很好）。供应商的情况会比以前更好，因为它即使迟些得到付款，较低成本的保理合同也足以弥补这个损失。买家也会从中获益，因为它延迟 40 天贷款给供应商，腾出了一大笔现金。

什么是提前付款折扣计划呢？这是一种流行的做法，即使用折扣条款鼓励买方提前支付账款。例如，"2%（10），n%（30）"这个条款的意思是，如果全部账款在 10 天内而不是 30 天内付清，则提供 2% 的折扣。虽然传统的折扣为"2%（10），n%（30）"，但目前已演变为"0.75%（15）"，折扣明显变小。具体条款以供应商当前的资本成本为准。从买方的角度来看，计算方法很简单。假设买方将在第 10 天付款，那么相对于在 30 天内支付，其年化回报率为 36%（一年 360 天除以 20 天的周期，再乘以每次付款可节省 2%）。除非买方有一个可以产生更高的近乎无风险回报的替代方案，否则提前付款是最优的。采购的传统经验是，如果可能的话，尽量利用折扣。

买方受益于所购买产品的单位成本的降低，以及提前付款所获得的、比将资金用于其他用途更高的回报。由于各种原因，如漫长的审批时间、人工流程和纸质发票，只有一小部分买方真正利用了折扣，并获得了这些回报。冗长的发票处理时间实际上降低了公司在10天内付款并获得折扣的可能性。

提前付款折扣计划改善了供应商的现金流，同时向买方提供了价格折扣。许多实证研究表明，付款周期越短，资产产生的净现金流的现值就越高，公司的价值也就越高。此外，其他可能受到折扣管理影响的营运资本指标近年来不断发展，包括净清偿差额、CCC和净营业周期。

为了证明折扣管理的观点，阿伯丁集团试图量化供应链金融绩效，并表明公司对供应链金融的重视得到了显著回报。根据表6.2展示的绩效，行业中排名前20%的公司提供预先商定的固定提前付款折扣的可能性是其他公司的3.8倍，拥有在付款超过预先确定的阈值时通知管理人员的自动警报的可能性是其他公司的2.6倍。此外，这些公司对支持电子支付的供应商进行细分的可能性是其他公司的1.4倍，并且只需要7天就可以付款。

哈奇森、法里斯和盖瑞·弗莱施曼（Gary Fleischman）及兰德尔和法里斯均提出了通过战略性地利用供应链贸易伙伴现金流的内在优势来加强供应链的观点。适当的折扣管理可以支持他们的理论。例如，改变支付条件来利用一家公司的较低的WACC，以便为贸易伙伴之间的一体化供应链管理提供财务方面的好处。这些好处可以在贸易伙伴之间共享以促使它们参与，但必须根据具体情况进行具体处理，确保对双方都有利。

此外，企业和银行对利用供应链金融技术来缓解供应链压力产生了兴趣。其中一种方法是利用公司的未出货发票作为担保，增加信贷额度，从而使公司保留现金，保持甚至缩短其主要供应商的付款期限。布莱恩·富盖特（Brian Fugate）、丰达·萨欣（Funda Sahin）和约翰·门策（John Mentzer）认为，管理者更喜欢使用流程协调机制而不是价格和非价格协调机制，尤其是因为技术、资本和数量不是流动协调机制的先决条件。我们假定这种偏好仍然成立。

表 6.2　量化供应链金融绩效

类型	平均绩效
最佳：前 20%	从收到发票到结算的处理时间为 5.3 天
	60% 的发票能提前支付并能获得提前付款折扣
	DPO 为 57.4 天
	从收到发票到结算的平均成本为 7.78 美元
	平均采购成本降低了 6.5%
行业平均水平：中间的 50%	从收到发票到结算的处理时间为 10.2 天
	9% 的发票能提前支付并能获得提前付款折扣
	DPO 为 41.8 天
	从收到发票到结算的平均成本为 12.05 美元
	平均采购成本降低了 2.5%
落后：后 30%	从收到发票到结算的处理时间为 24.5 天
	2% 的发票能提前支付并能获得提前付款折扣
	DPO 为 34.8 天
	从收到发票到结算的平均成本为 37.45 美元
	平均采购成本提高了 8.4%

来源：阿伯丁集团

在国际上，还有其他支持买方及时支付的举措。欧盟颁布了延迟付款条令，要求买方减少在商业交易中延迟付款的次数，以保护较小的市场参与者。修订后的欧盟法规使欧盟境内的支付流程更加简单，将减少延迟支付并使按时支付成为常态（11/7/EU 指令）。所有在欧盟交易的公司都应遵守这一指令，这加大了公司审查其付款管理方式的必要性。

根据新规定，如果债务人不能按时（企业 60 天、公共部门 30 天）支付货物和服务款项，债务人将被迫支付利息，并承担债权人的合理追偿成本。

有效管理提前付款折扣计划的方法

提前付款折扣计划的管理本质上涉及供应链上贸易伙伴之间的沟通。供应链发挥关键作用的前提是贸易伙伴之间的互动、协作和协议及有效的内部管理。然而，从财务和管理的角度来看，目前缺少解决整个供应链中的支付问题的关键供应链衡量标准，因此，在利用提前付款折扣计划管理整个供应链的营运资本时，贸易伙伴之间会出现脱节。这个方面的研究还不完善，充其量处于初步阶段。例如，经济周期的不同阶段是否会影响贸易伙伴之间的支付方式？欧盟未发表的研究表明，经济周期可能发挥着重要作用。在此阶段，有意改善提前付款折扣计划的专业人员应考虑以下三点。

（1）**培养一种"由外向内"的文化**。虽然这代表了企业文化的根本性转变，但有意从供应链管理中获益的企业必须发展一种以双赢的视角拥抱战略贸易伙伴的文化。如果每个部门是只对自身利益感兴趣的职能孤岛，则将阻碍这种文化的发展并减少潜在收益。管理层必须进行跨部门的绩效评估，并考虑其对整个供应链的财务影响。

（2）**改善可见性**。增强整个供应链的可见性是寻找潜在的改进领域的第一步。阿伯丁集团建议通过避免从寻源到支付生命周期中的缺陷来不断提高可见性，这些缺陷包括未收集关键信息，数据组织不当，系统未很好地集成，信息未集中收集以进行报告、分析及由商业智能处理等。阿伯丁集团通过基准测试发现，只有 4% 的企业具有实时可见性，69% 的企业称它们在支出方面没有可见性或可见性有限。

（3）**实施系统和技术**。从技术解决方案的角度审视供应链金融，可以认为：

供应链金融解决方案是金融机构、第三方供应商或企业自身提供的贸易融资的结合，是一个将贸易伙伴和金融机构通过电子方式联系起来的技术平台，并根据一个或多个供应链事件的发生开启融资。替代方法将供应链金融视为一个更广泛的主题，包括传统的贸易文件管理和融资方案，重点是大型企业的国际贸易。

表 6.3 是展示了一个改进应付账款业务的例子。2006 年，企业平均发票处理时间为 27.6 天，而 2016 年表现最佳的企业为 5.95 天，表现较差的企业为 17.83 天。虽然进展缓慢，但是为了利用提前付款折扣而推行应收账款自动化仍然很有吸引力。应付账款自动化让企业能够以更低的处理成本、更短的处理周期来处理发票，从而获得更多的折扣，而且能改善其与供应商的关系。

表 6.3　改进应付账款业务的效益

项目	2006 年平均值	2016 年表现最佳企业	2016 年表现较差企业
发票处理时间	27.6 天	5.95 天	17.83 天
发票处理成本	8.36 美元	5.13 美元	10.55 美元
及时支付率	59%	90%	65%

来源：阿伯丁集团

企业支出可见性有限的主要原因是处理纸质发票很耗时。2006 年，纸质发票约占美国所有国内发票的 83%，约占所有国际发票的 86%。使用纸质发票也很难及时获取关键信息，纸质发票的录入可能是一个缓慢的过程。平均而言，处理一张纸质发票并将其输入付款人的系统需要 27.6 天。更短的处理周期意味着更低的处理成本、更高的获得折扣的能力以及与供应商建立更好的关系的机会。

在 2006 年，只有 4% 的基准企业具有实时可见性，而 69% 的企业报告称，他们在支出方面没有可见性或可见性有限。相比之下，在 2017 年，由于技术改进让应收账款处理能力得以提高，企业现金流有所增加，支出可见性有所改善（见表 6.4）。

表 6.4　改进应付账款处理能力的效果

项目	2017 年表现最佳企业（占比）	2017 年所有其他企业（占比）
完全集成企业资源计划或金融解决方案的应付账款系统	85%	30%
待批未付项目的自动提醒	73%	40%
错误、异常或其他需要管理人员审查的项目的自动通知	73%	35%
汇总当前应付账款状态和绩效的仪表盘	69%	23%

来源：阿伯丁集团

　　纸质发票的转变一直在进行，尽管速度很慢。2014 年，纸质发票占美国国内所有发票的 55%；而在 2006 年，这一比例约为 83%。

　　简化 / 标准化付款条件。大多数公司不知道有多少不同付款条件正在推动其运营，因为每个付款条件都是根据具体情况而定的。在与 CFO 讨论付款条件时，本文作者之一以常用的"2%（10）、净 30"为例。CFO 看起来很困惑，他说："我们的系统里有 149 个独特的付款条件。"公司尽力满足每个不同的付款条件不足为奇。此外，他们的 SAP 系统会对每个不同的付款条件进行收费。因此，通过标准化和减少付款条件的数量来简化付款流程是符合公司利益的。

　　使用帕累托分析法（Pareto Analysis）管理风险。公司未能从提前付款折扣计划中受益的原因往往是缺少或收到了不正确的账单信息。然而，据估计，只有 12%~14% 的账单是不正确的。这表明，至少有 86% 的发票可以立即得到处理而不会延误。这样做考虑到了成本效益：一旦收到发票就立即支付给相关的贸易伙伴，从而获得提前付款折扣，然后处理 12%~14% 的错误发票，要么收回要么调整付款。

　　公司应该分析如何处理与每个贸易伙伴之间的金融交易。考虑到不是所有的贸易伙伴都是平等的，使用帕累托分析法有助于公司确定最高的回报杠杆点。从代表最大支出或收入的贸易伙伴开始合作提高流程效率，这不仅可以使双方都受益，还能避免出现一方输、一方赢的局面。

解决折扣困境。使用提前付款折扣方案可能对买卖双方都有利。如果有足够的激励机制使收款人利用系统和技术来加速付款流程，那么更多地使用付款折扣方案可能是不断演进的供应链金融的早期应用之一。

与把资金投入其他用途相比，使用提前付款折扣计划时，买方既能降低成本，也能从提前付款中获得高额回报。然而，根据 Paystream 的一项研究，只有 34% 的买方总能获得折扣，50% 的买方有时会获得折扣，15% 的买方从未获得折扣，1% 的买方了解相关机制。帕德里克·莫兰（Padraic Moran）发现，35% 的供应商一直会允许提前付款，而 65% 的供应商有时会允许提前付款。

如图 6.2 所示，目前常用的激励机制是，买方必须在 10 天内付款，从而获得 2% 的折扣，否则必须在 30 天内付款，并且无法获得任何折扣。这种激励机制是全有或全无的。对那些想在 10~30 天内付款的公司来说，并没有渐进的激励机制。

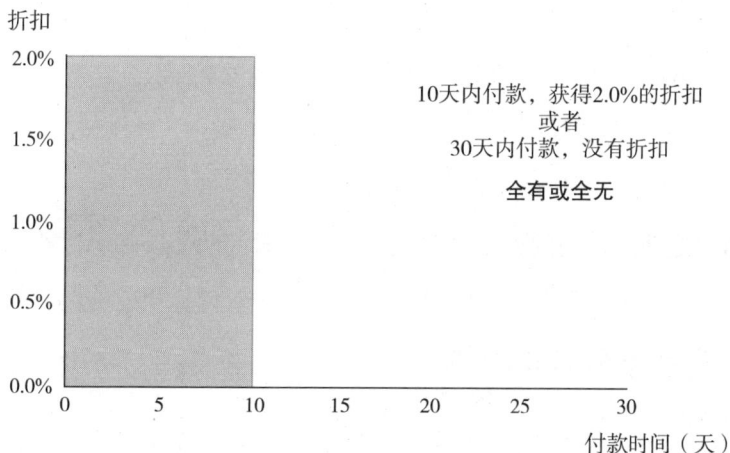

图 6.2　"全有或全无"的折扣条件

买方需要花费时间和精力来实施一个更快的支付解决方案，而"全有或全无"方案几乎不会鼓励他们承担这种风险。对于大多数公司来说，从在30天内付款改为在10天内付款是非常重大的转变，而且是不太可能发生的。如图6.3所示，一种更为渐进的合作方式提供了浮动折扣，它使买方可以立即获得边际收益，从而缩短付款周期，同时可以增加供应商的营运资本。

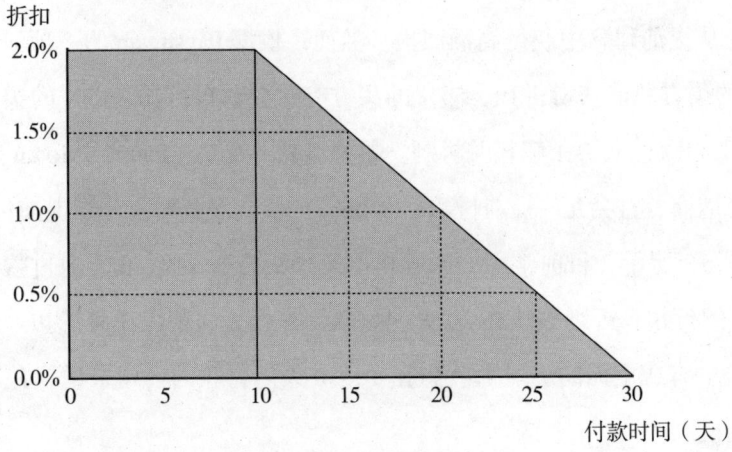

图 6.3 动态折扣

在这种方案中，回报的提高是渐进的。如图6.4所示，随着付款速度的加快，年收益率的提高近似呈对数增长。有了对每一个边际改进的即时回报，买方就有了加速付款的动力。

成功实施动态折扣的关键是买卖双方的及时互动，以确保付款条件得到真正的认可和实施。如果已经签订合同，那么重新调整当前的付款条件对所有相关的贸易伙伴都可能是有利的。

年收益率

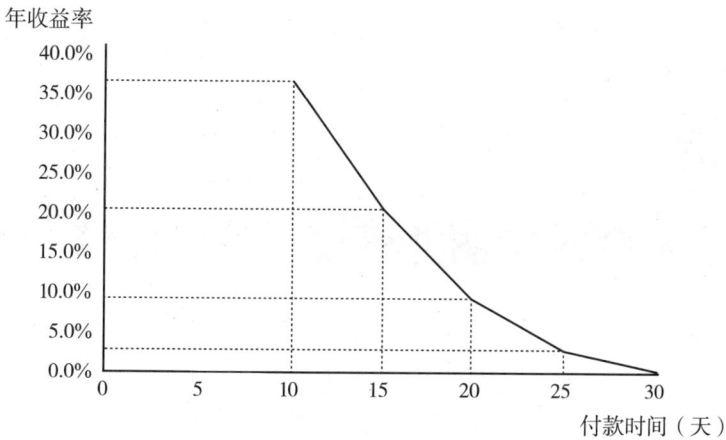

图 6.4　动态折扣的年收益率

给读者的启示

　　提前付款折扣计划的发展、自动化支付的实施及贸易伙伴之间创新性金融互动的发展，可以为从事供应链金融的企业提供有利的机会。相关领域的学术研究还不成熟，需要进一步发展，实践者仍需进一步探索。人们可能会发现管理方面有待改进的地方，如付款条件的标准化或通过使用帕累托分析将早期管理工作的重点集中于风险较高的领域。

　　本章可以帮助读者理解提前付款折扣的概念，识别快速处理发票和支付的障碍，对积极参与、实施和改进提前付款折扣计划进行探索，并明白该计划会为贸易伙伴双方都带来好处。

第 7 章

绘制供应链结构图并管理财务供应链

特德·法里斯

法耶兹·艾哈迈德（Fayez Ahmad）

法耶兹·艾哈迈德是北得克萨斯大学营销与物流系博士。他在坦帕大学获得了营销学硕士学位，在达卡大学获得了 MBA 学位，并于 2012—2015 年在孟加拉国商业与技术大学营销系任教。他对供应链资金流、供应链竞争力、品牌影响力和线上评论都有研究兴趣。目前，他正在开发一个综合的供应链流程，以显示主要供应商与买方在供应链各个阶段的联系。

引言

管理供应链的最大挑战之一是识别贸易伙伴的能力，并提供整条供应链中的产品流、资金流的可见性。2015 年，拜耳（Bayer）向大约 150 个国家和地区的 10 万多家供应商购买了价值超过 220 亿欧元的商品和服务，这种复杂性使得像拜耳这样的公司很难为所有贸易伙伴之间的互动开发一套有效且高效的供应链结构图，而开发有效且高效的供应链结构图是实现产品流、资金流可见性以促进供应链管理的第一步。

不久之前，第一份基于真实供应链的结构图已经发布。约翰·加德纳（John Gardner）和玛莎·库珀（Martha Cooper）提出了以下四个需要解决的问题，以进一步发展战略性的供应链结构图：

- 缺乏专有信息；

- 不经意地改变了渠道动态；

- 展示的细节过多；

- 为管理实践提供的视角不起作用。

在一篇回应文章中，其作者之一法里斯针对加德纳和库珀提出的问题提供了一些解决方案。这些解决方案在本章中得到了广泛使用，并形成了一个框架以协助规划和管理财务供应链。这些建议对指导如何制作供应链结构图及开始应用供应链结构图来帮助改善财务供应链有重大意义。建议包括利用地理可视化的概念，反映财务流、贸易关系大小，以及使用一致的符号体系。下面我们将首先解决加德纳和库珀的问题，从而为构建财务供应链结构图提供一个框架。

（1）**缺乏专有信息**。供应链结构图中的许多信息需要根据专有信息补充。加德纳和库珀认为，缺乏反映贸易伙伴关系的真实数据阻碍了人们确定供应链结构图的外观。为了解决这一首要问题，回应文章给出了 50 000 条宏观水平的数据，并运用了按商品分类的经济投入产出模型。这样做可以越过加德纳和库珀提出的第一个障碍，确定供应链结构图的外观。该回应文章的作者预测，数据在未来将变得更容易获得，从而使供应链结构图得以深入到企业层面。自 2010 年该回应文章发表以来，随着彭博专业服务数据库（Bloomberg Professional Services Database）的开发和逐步成熟，与供应链结构图有关的专有数据的可获得性得到了进一步提高（就本章而言，我们使用了 2017 年 8 月发行的彭博专业服务第 7 版）。随着该数据库的不断发展，用户将从获得贸易伙伴（客户和供应商）的更多详细信息中获益。

（2）不经意地改变了渠道动态。库珀和加德纳担心可见性的提高可能会对渠道动态产生负面影响。法里斯则认为，如果以双赢的方式进行管理，则在整个供应链中提高可见性可以帮助所有贸易伙伴降低成本、提高利润。兰德尔和法里斯及哈奇森、法里斯和弗莱施曼的文章都提供了对所有贸易伙伴均有利的结构框架。

公司的每一笔应付账款都是另一个贸易伙伴的应收账款。每家公司的 WACC 都不同。如果我们了解每个贸易伙伴的财务变量背后的动态机制，则财务供应链结构图可能会凸显发展机会，为贸易伙伴带来打造内在财务优势的机会，从而使整个供应链受益。哈奇森、法里斯和弗莱施曼的一个示例运用了通过调整付款条件来获得较低的 WACC 这一方法，使得拥有较高的 WACC 的贸易伙伴可以受益于另一个贸易伙伴的较低的 WACC。因此，渠道动态受到的影响可能是积极的。

（3）展示的细节过多。针对数目庞大的贸易伙伴，这是一个压倒性的难题。但通过运用逻辑技术（即不试图描绘每个贸易伙伴或每个供应链），财务供应链管理可首先着眼于管理具有最高回报、能最大限度地利用供应链资产或具备最大战略意义的供应链。这样一来，初始财务供应链结构图的绘制和管理就可以从杠杆率最高的供应链开始，而不会陷入过多的细节之中。之后，初始供应链结构图的扩展可能会促使贸易伙伴发现其他领域的机会。要记住，绘制供应链结构图是一个不断进化的过程。

（4）**为管理实践提供的视角不起作用**。在财务供应链结构图中强调资金流的重要程度等关键变量，确定关键的合作领域或存在潜在冲突的领域，都将指导管理实践向着更有效、更集中地应用财务供应链结构图的方向发展。

如何开始绘制供应链结构图

如图 7.1 所示，大多数供应链结构图都表现为一条线性供应链。在本章的示例中，三角形代表核心企业，圆形代表供应商，正方形代表客户。尽管线性供应链是正确的，但我们必须知道这只是供应链的众多组合方式之一。如图 7.2 所示，在远离核心企业的地方，供应商的供应商和客户的客户等的增加会导致供应链的复杂性增加。我们将远离核心企业的额外增加的每一步都视为另一个层级，即第二级供应商就是指供应商的供应商。

为了进一步增强供应链的可见性，如图 7.3 所示，我们将考虑每个供应商都有核心企业以外的其他客户，而客户也有核心企业以外的其他供应商。法里斯指出，随着层级的增加，供应链结构图的复杂性也在增加。在一张核心企业的两侧都有两个层级且仅反映每个贸易伙伴的前两个客户和前两个供应商的供应链结构图中，一共需要填充 37 家企业的信息。而展现每个贸易伙伴的 3 个供应商和 3 个客户时，在供应链结构图中需要填充 97 家企业的信息。由此可看出，供应链结构图的复杂性会非常容易且迅速地增加。

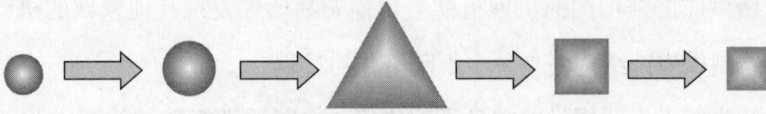

图 7.1　线性供应链

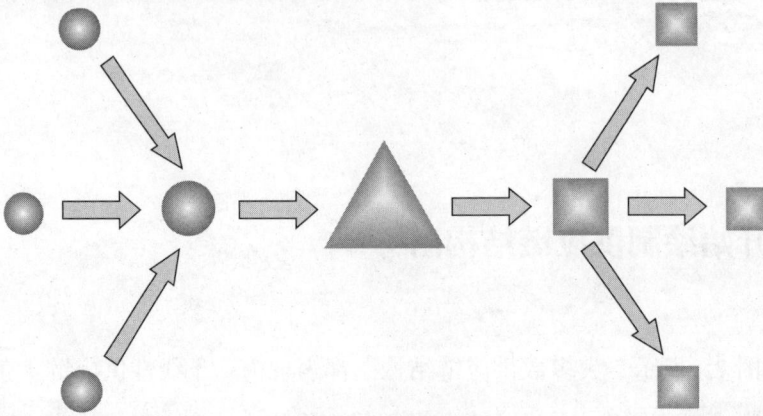

图 7.2　额外的层级

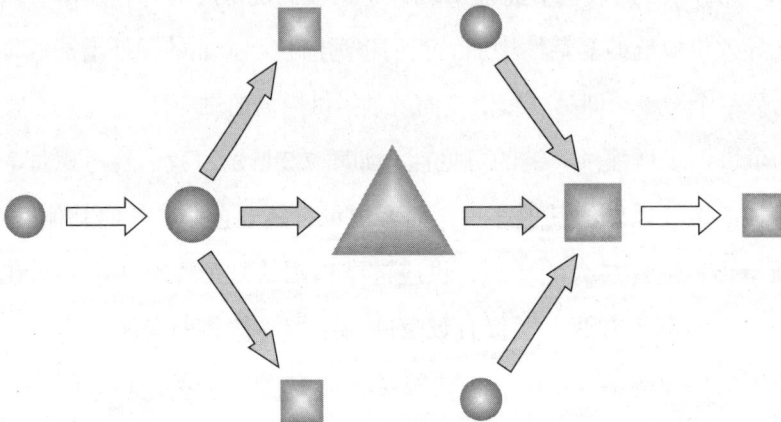

图 7.3　客户的供应商和供应商的客户的可见性

如图 7.4 所示，我们通过结合图 7.2 和图 7.3 中的元素，可以进一步增强供应链结构图的可见性，这表明商业贸易环境更像网络而非链条。随着复杂性的增加，供应链结构图的可用性会降低。因此，绘制供应链结构图时需要进行简化，我们可将网络解构为图 7.5 所示的简单的线性链条。

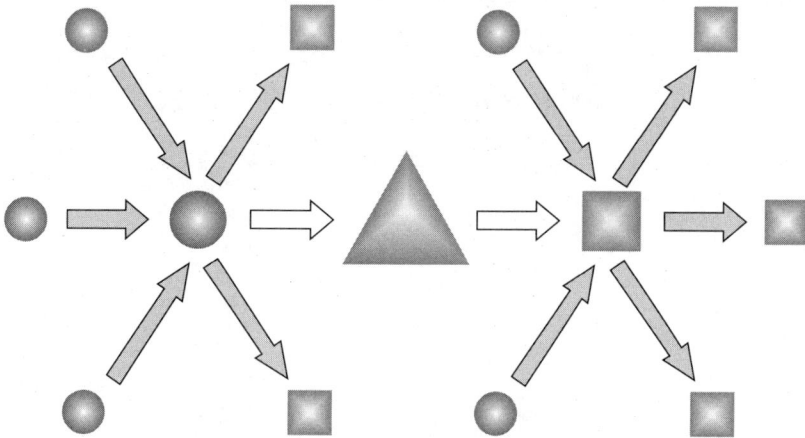

图 7.4　图 7.2 和图 7.3 结合后的可见性

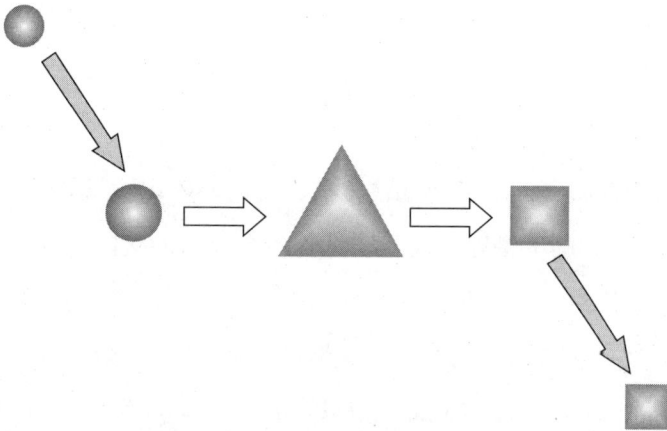

图 7.5　解构为简单的线性链条

为了进行有效的管理，我们在解构供应链结构图时要设法确定网络中影响力最大的元素，这可能包括更大的客户或供应商、战略技术流或支持流程的关键部分以及其他的重要关系。法里斯建议，一旦确定并区分了优先的流，就要结合可视化地理信息（见图 7.6），通过调整箭头的宽度反映这些流的重要性并增强对每个流的重要性的理解。任何一种流都可以从两个角度考虑：供应商向客户出售的是什么，以及客户采购的支出水平。流的重要性的不平等将使交易对一个贸易伙伴而言比对另一个更为重要，这可能有助于我们识别各方在修改或改进流程的动机或兴趣方面的差异。

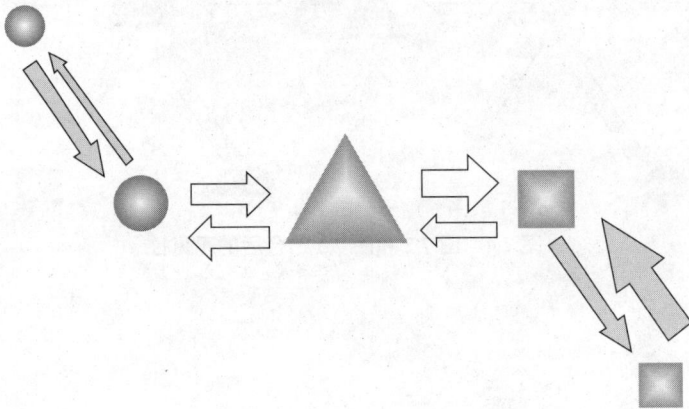

图 7.6　反映交易的重要性

在直观地反映了交易的重要性之后，我们要考虑贸易伙伴之间的 DPO 和 DRO 两个流中的关键财务变量。尽管各个公司的实际表现会有所不同，但表 7.1 列出了每个行业的平均 DPO 和平均 DRO。该表根据行业平均应付账款或应收账款表现揭示贸易伙伴之间的潜在冲突。例如，标准行业分类（Standard Industrial Classification，SIC）代码为 1 000 的金属矿业行业的平均 DRO 为 9.6 天，而它的主要客户——SIC 代码为 3 300 的主要金属工业行业的平均 DPO 为 38.6 天。SIC 代码为 3 800 的测量、分析和控制仪器，光学、医学产品行业的平均 DPO 为 49.1 天，而其主要供应商——SIC 代码为 3 600 的电子及其他电气设备和部件（计算机设备除外）行业的平均 DRO 为 55.5 天。这些行业平均数据表明，后一组贸易伙伴之间的冲突更少。

表 7.1　各行业的平均 DRO 和 DPO

SIC	分类	DRO	DPO
1 000	金属矿业	9.6	56.6
1 300	石油及天然气开采	60.8	53.4
1 500	房屋建筑——总承包商及建筑商	5.0	23.3
1 600	重大建筑（房屋建筑除外）——承包商	70.8	36.6
2 000	食品及相关产品	30.8	39.1
2 300	服装及其他由织物和相似材料制成的成品	39.1	49.8
2 400	木材与木制品（家具除外）	25.5	21.3
2 500	家具与固定设施	38.0	46.4
2 600	纸类产品及相关产品	43.7	47.8
2 700	印刷、出版及相关工业	50.8	33.9
2 800	化学产品及相关产品	53.5	52.4
2 900	石油精炼及相关工业	29.4	36.0
3 000	橡胶及各类塑料产品	40.5	43.7
3 200	石材、黏土、玻璃及混凝土产品	39.0	39.8
3 300	主要金属工业	38.5	38.6
3 400	金属制品（机械及运输设备除外）	51.2	46.0
3 500	工业和商业机械及计算机设备	61.2	48.6
3 600	电子及其他电气设备和部件（计算机设备除外）	55.5	59.1
3 700	交通设备	51.8	39.1

（续表）

SIC	分类	DRO	DPO
3 800	测量、分析和控制仪器，光学、医学产品	58.3	49.1
4 400	水上运输	16.2	21.2
4 500	空中运输	14.5	34.7
4 800	通信	47.8	66.7
4 900	电力、天然气与卫生服务	41.8	48.5
4 920	天然气生产及输送	38.6	46.7
5 000	批发业——耐用品	46.6	40.8
5 100	批发业——非耐用品	29.3	26.2
5 500	汽车经销商、加油站	12.9	10.1
5 800	饮食场所	6.6	13.2
5 900	各类零售店	17.9	45.6
7 300	商业服务	61.9	41.8
7 900	休闲娱乐服务	14.6	17.3
8 000	健康服务	46.2	23.9
8 700	工程、会计、研究、管理及相关服务	73.9	34.7

数据来源：标准普尔数据库（Compustat）。各 SIC 对应的数据反映了 2016 年数据库中删除了数据不完整的公司后的所有公司的表现。每个 SIC 必须有超过 10 家的公司。表中数据的单位为天。由于异常值的权重过高，各 SIC 的库存、应收账款和应付账款数据使用中位数，CCC 也使用中位数来计算。

  图 7.7 通过标记每种关系的实际 DRO 和实际 DPO 进一步完善了供应链结构图。图中用深色阴影来表示实际 DRO 与实际 DPO 相对接近的关系，而与之不同的浅色阴影用于表示潜在的冲突。通过识别潜在的差异，并深入调查特定贸易伙伴的绩效，供应链结构图将帮助企业识别哪些区域可以为改进

提供友好的互动，哪些区域可能存在潜在的冲突，还需要进一步的财务谈判。关系的重要程度也可以帮助企业确定应该优先处理哪些关系。总体而言，这是开始落实供应链金融的关键的第一步。

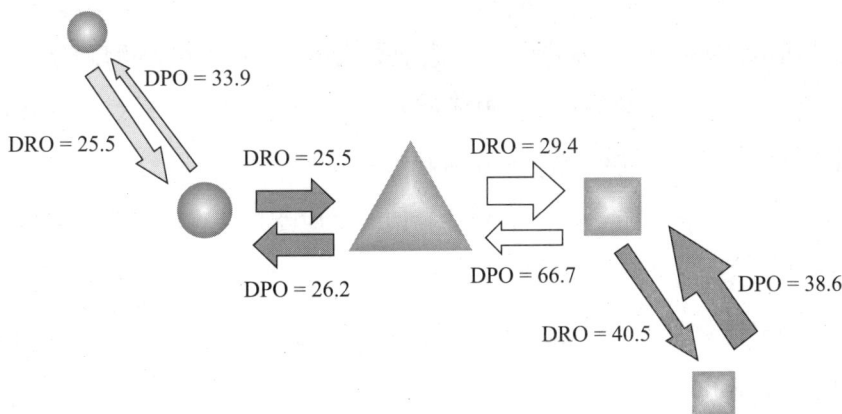

图 7.7　标记交易的重要性

结合实际数据

在 2003 年，受加德纳和库珀提出的缺乏专有信息问题的限制，供应链结构图的绘制主要存在于理论层面。在 2010 年，经济投入产出数据及实际的高层宏观数据可以帮助供应链参与者更好地绘制供应链结构图。但是，要想让供应链结构图有效，数据的使用者必须具有深入挖掘特定公司并确定关键贸易伙伴的能力。

彭博专业服务数据库的开发和持续完善为供应链结构图绘制者提供了重要的工具。随着该数据库的不断发展、内容的不断丰富，用户将从获得贸易伙伴（客户和供应商）的更多详细信息中获益。例如，图 7.8 展示了彭博专业服务数据库中以联合技术公司为核心企业的详细信息。图中展示了联合技术公司的 186 家供应商（可在当前的彭博专业服务数据库中查找）中最大的 7 家，以及它们从联合技术公司获得的收入占总收入的比例和它们向联合技术公司销售产品所产生的成本占主营业务成本的比例。用户可以轻松地获取这 186 家供应商的数据。图中也展示了联合技术公司的前 7 大客户的信息（可在当前的彭博专业服务数据库中查找）。

我们可以追溯到联合技术公司的第四大供应商是艾睿电子公司。图 7.9 展示了艾睿电子公司作为核心企业时，其 173 家供应商中最大的 7 家（可在当前的彭博专业服务数据库中查找），这表明联合技术公司是艾睿电子公司的第三大客户。

从上游来看（见图 7.10），我们可以看到洛克希德·马丁公司是联合技术公司的第五大客户；而从下游来看，联合技术公司是洛克希德·马丁公司的第三大供应商。此外，我们还可以发现洛克希德·马丁公司的主要客户。

通过每个贸易伙伴的各种数据及主要客户和主要供应商的可见性，我们能够构建一条实际的供应链。如图 7.11 所示，以联合技术公司为核心企业，有两个具体的上下游层级。如果需要，我们可以添加更多的层级。随着时间的推移，当彭博专业服务数据库变得越来越丰富和完整时，贸易伙伴的供应商和客户的可见性都将越来越强，人们绘制供应链结构图的能力也将越来越强。

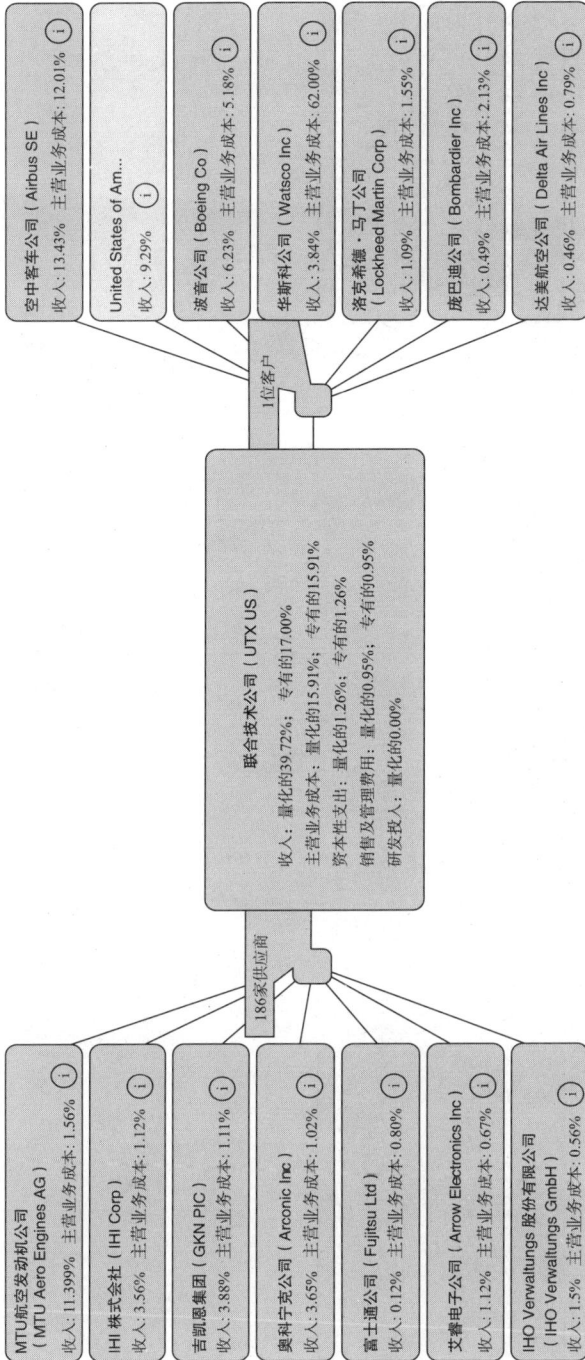

图 7.8　核心企业

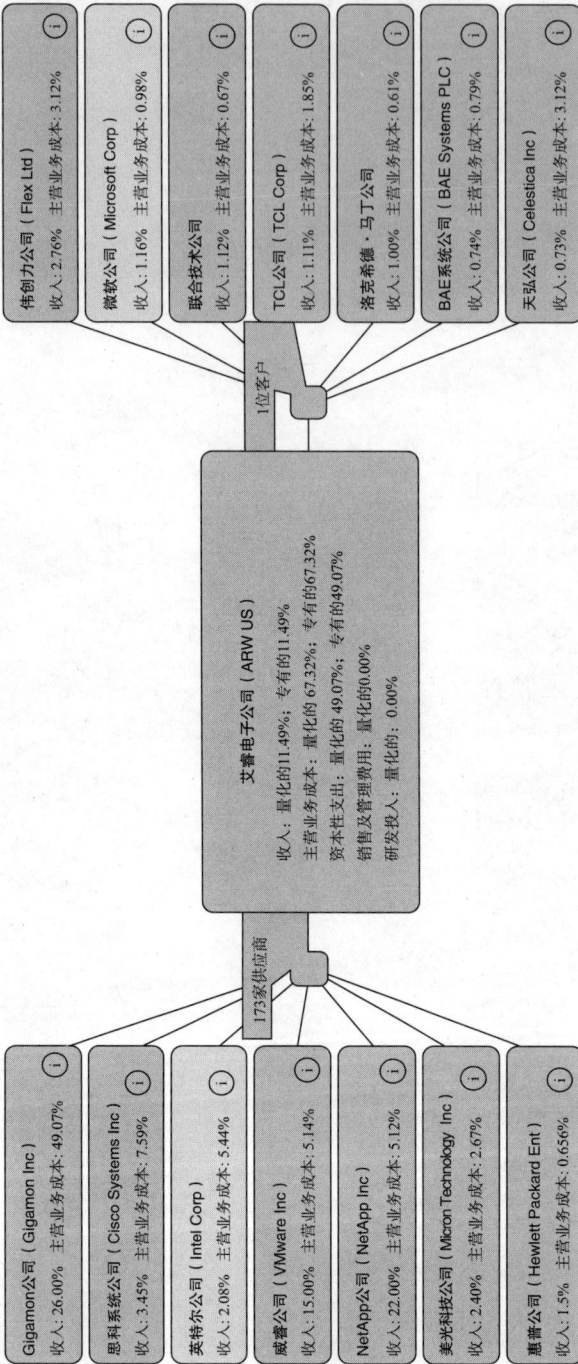

图 7.9　供应商端

艾睿电子公司（ARW US）

收入：量化的11.49%；专有的11.49%
主营业务成本：量化的 67.32%；专有的67.32%
资本性支出：量化的 49.07%；专有的49.07%
销售及管理费用：量化的0.00%
研发投入：量化的：0.00%

1位客户

173家供应商

伟创力公司（Flex Ltd）
收入：2.76%　主营业务成本：3.12%

微软公司（Microsoft Corp）
收入：1.16%　主营业务成本：0.98%

联合技术公司
收入：1.12%　主营业务成本：0.67%

TCL公司（TCL Corp）
收入：1.11%　主营业务成本：1.85%

洛克希德·马丁公司
收入：1.00%　主营业务成本：0.61%

BAE系统公司（BAE Systems PLC）
收入：0.74%　主营业务成本：0.79%

天弘公司（Celestica Inc）
收入：0.73%　主营业务成本：3.12%

Gigamon公司（Gigamon Inc）
收入：26.00%　主营业务成本：49.07%

思科系统公司（Cisco Systems Inc）
收入：3.45%　主营业务成本：7.59%

英特尔公司（Intel Corp）
收入：2.08%　主营业务成本：5.44%

威睿公司（VMware Inc）
收入：15.00%　主营业务成本：5.14%

NetApp公司（NetApp Inc）
收入：22.00%　主营业务成本：5.12%

美光科技公司（Micron Technology Inc）
收入：2.40%　主营业务成本：2.67%

惠普公司（Hewlett Packard Ent）
收入：1.5%　主营业务成本：0.656%

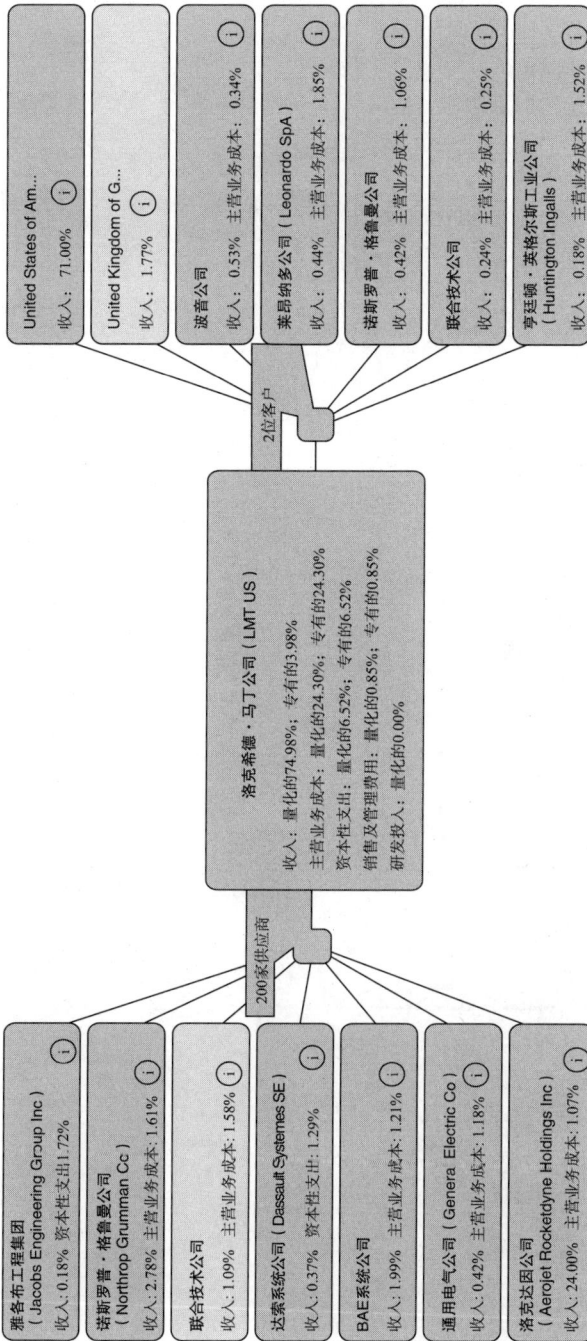

图 7.10　客户端

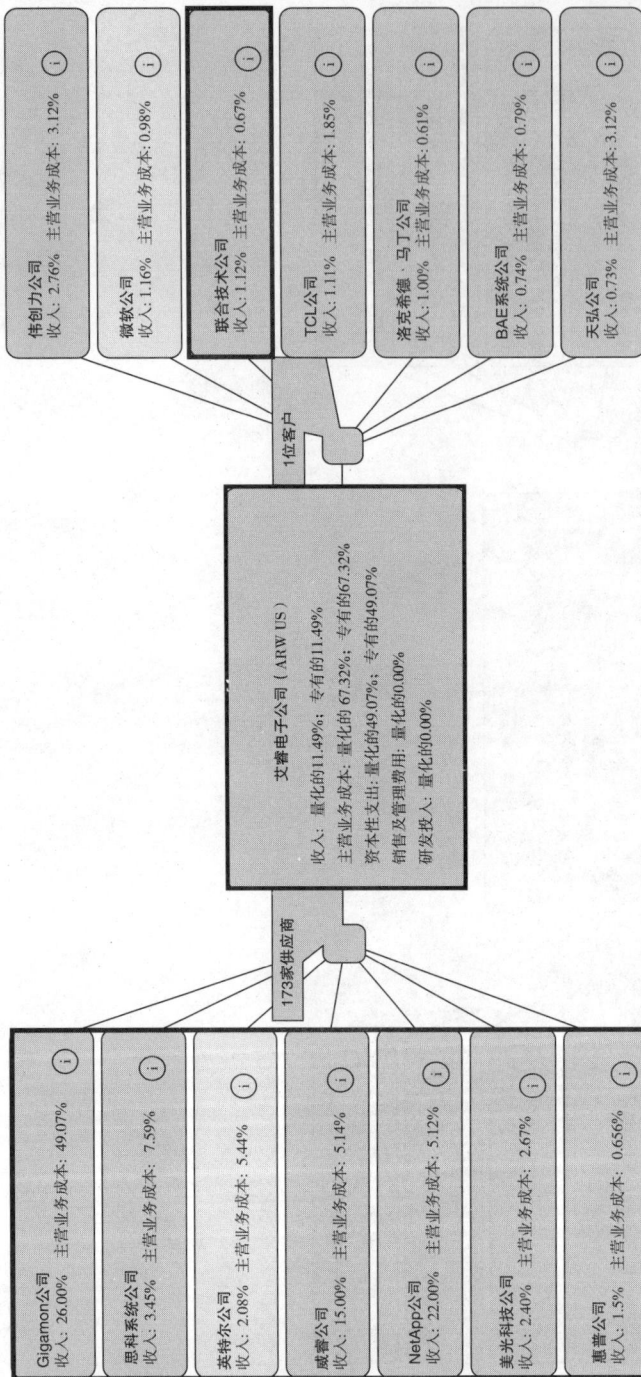

图 7.11　综合数据

伟创力公司
收入: 2.76%　主营业务成本: 3.12%

微软公司
收入: 1.16%　主营业务成本: 0.98%

联合技术公司
收入: 1.12%　主营业务成本: 0.67%

TCL公司
收入: 1.11%　主营业务成本: 1.85%

洛克希德·马丁公司
收入: 1.00%　主营业务成本: 0.61%

BAE系统公司
收入: 0.74%　主营业务成本: 0.79%

天弘公司
收入: 0.73%　主营业务成本: 3.12%

1位客户

艾睿电子公司（ARW US）

收入: 量化的11.49%；专有的11.49%
主营业务成本: 量化的67.32%；专有的67.32%
资本性支出: 量化的49.07%；专有的49.07%
销售及管理费用: 量化的0.00%
研发投入: 量化的0.00%

173家供应商

Gigamon公司
收入: 26.00%　主营业务成本: 49.07%

思科系统公司
收入: 3.45%　主营业务成本: 7.59%

美特尔公司
收入: 2.08%　主营业务成本: 5.44%

威睿公司
收入: 15.00%　主营业务成本: 5.14%

NetApp公司
收入: 22.00%　主营业务成本: 5.12%

美光科技公司
收入: 2.40%　主营业务成本: 2.67%

惠普公司
收入: 1.5%　主营业务成本: 0.656%

空中客车公司
收入：13.43%　主营业务成本：12.01%　ⓘ

United States of Am...
收入：9.29%　ⓘ

波音公司
收入：6.23%　主营业务成本：5.18%　ⓘ

华斯科公司
收入：3.84%　主营业务成本：62.00%　ⓘ

洛克希德·马丁公司
收入：1.09%　主营业务成本：1.55%　ⓘ

庞巴迪公司
收入：0.49%　主营业务成本：2.13%　ⓘ

达美航空公司
收入：0.46%　主营业务成本：0.79%　ⓘ

1位客户

联合技术公司（UTX US）
收入：量化的39.72%；专有的17.00%
主营业务成本：量化的15.91%；专有的15.91%
资本性支出：量化的1.26%；专有的1.26%
销售及管理费用：量化的0.95%；专有的0.95%
研发收入 量化的0.00%

186位供应商

MTU航空发动机公司
收入：11.399%　主营业务成本：1.56%　ⓘ

IHI 株式会社
收入：3.56%　主营业务成本：1.12%　ⓘ

吉凯恩集团
收入：3.88%　主营业务成本：1.11%　ⓘ

奥科宁克公司
收入：3.65%　主营业务成本：1.02%　ⓘ

富士通公司
收入：0.12%　主营业务成本：0.80%　ⓘ

艾睿电子公司
收入：1.12%　主营业务成本：0.67%　ⓘ

IHO Verwaltungs 股份有限公司
收入：1.5%　主营业务成本：0.56%　ⓘ

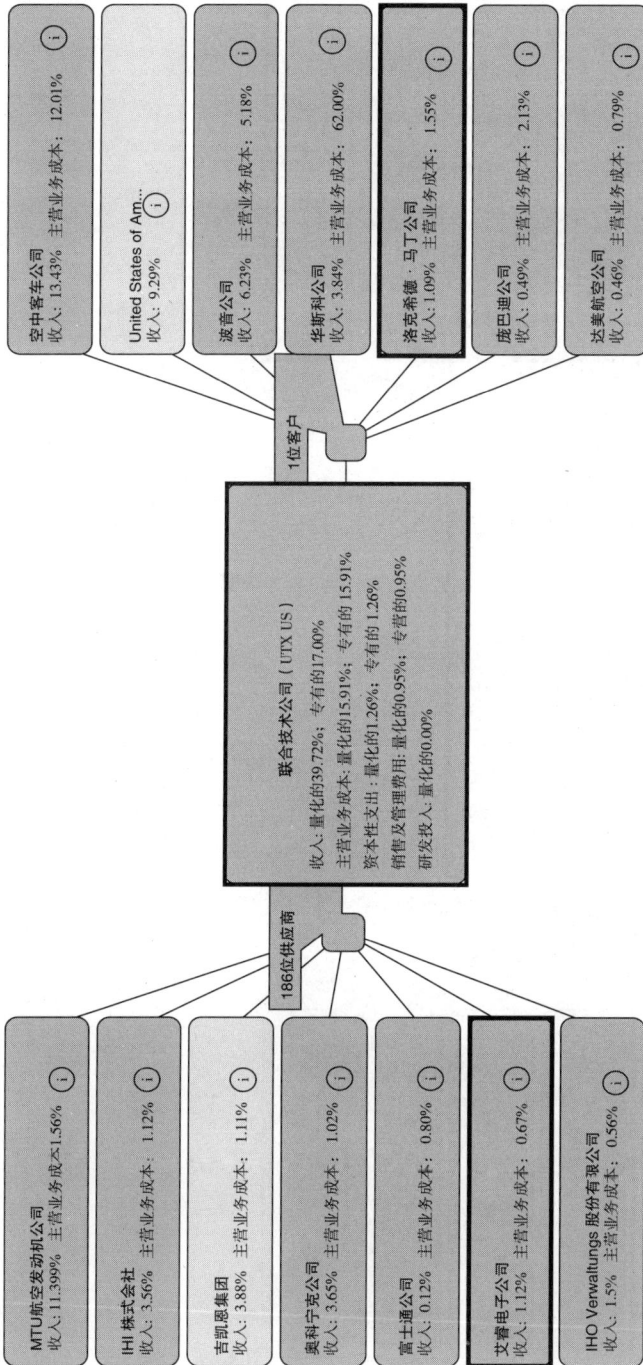

图 7.11　综合数据（续）

United States of Am... ⓘ
收入: 71.00%

United Kingdom of G... ⓘ
收入: 1.77%

波音公司 ⓘ
收入: 0.53% 主营业务成本: 0.34%

莱昂纳多公司 ⓘ
收入: 0.44% 主营业务成本: 1.85%

诺斯罗普·格鲁曼公司 ⓘ
收入: 0.42% 主营业务成本: 1.06%

联合技术公司 ⓘ
收入: 0.24% 主营业务成本: 0.25%

亨廷顿英格尔斯工业公司 ⓘ
收入: 0.18% 主营业务成本: 1.52%

2个客户

洛克希德·马丁公司（LMT US）

收入: 量化的74.98%; 专有的3.98%
主营业务成本: 量化的24.30%; 专有的24.30%
资本性支出: 量化的6.52%; 专有的6.52%
销售及管理费用: 量化的0.85%; 专有的0.85%
研发投入: 量化的0.00%; 专有的0.00%

200个供应商

雅客布工程集团 ⓘ
收入: 0.18% 资本性支出1.72%

诺斯罗普·格鲁曼公司 ⓘ
收入: 2.78% 主营业务成本: 1.61%

联合技术公司 ⓘ
收入: 1.09% 主营业务成本: 1.58%

达索系统公司 ⓘ
收入: 0.37% 资本性支出: 1.29%

BAE系统公司 ⓘ
收入: 1.99% 主营业务成本: 1.21%

通用电气公司 ⓘ
收入: 0.42% 主营业务成本: 1.18%

洛克达因公司 ⓘ
收入: 24.00% 主营业务成本: 1.07%

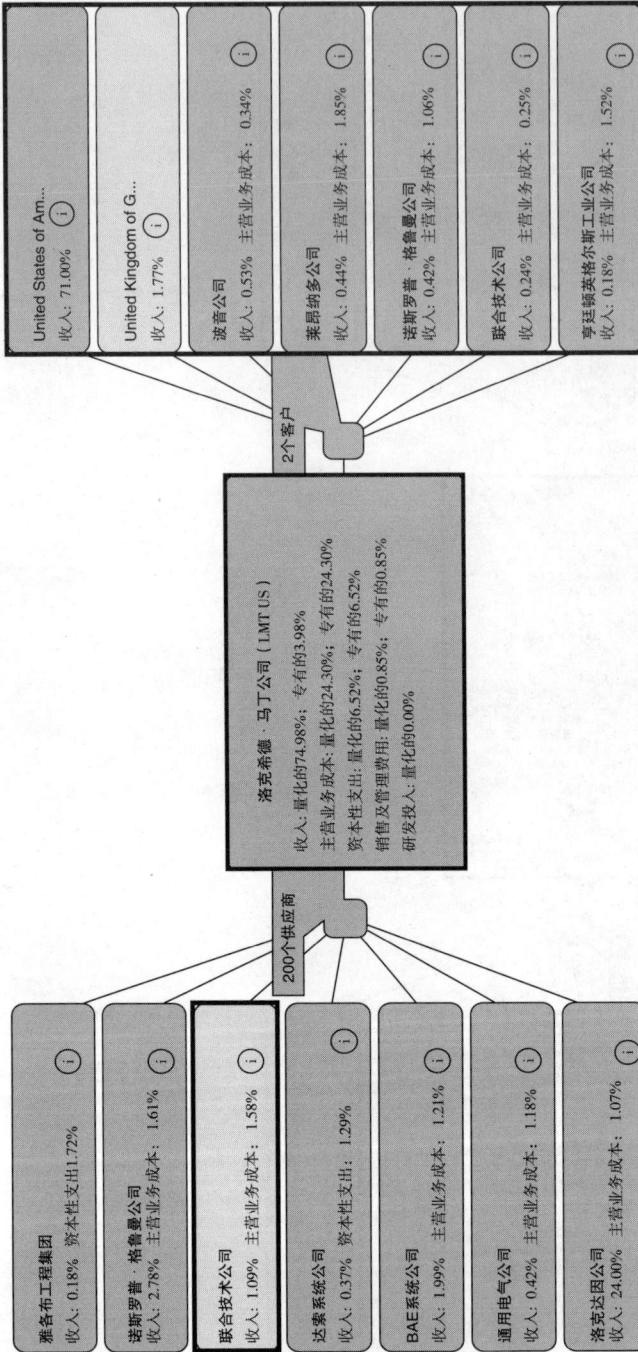

图 7.11 综合数据（续）

更多的战略意义

在开始绘制供应链结构图并不断增强其可见性后，我们将能够借助其改善供应链的战略管理。法里斯提出了可能要考虑的因素，但当时主要考虑的是产品流。图 7.12 总结了这些内容，包括参与技术和设计活动，分析竞争，确定潜在的战略伙伴关系和联盟、可替代的渠道，比较定价以及识别潜在的成本降低的可能性。

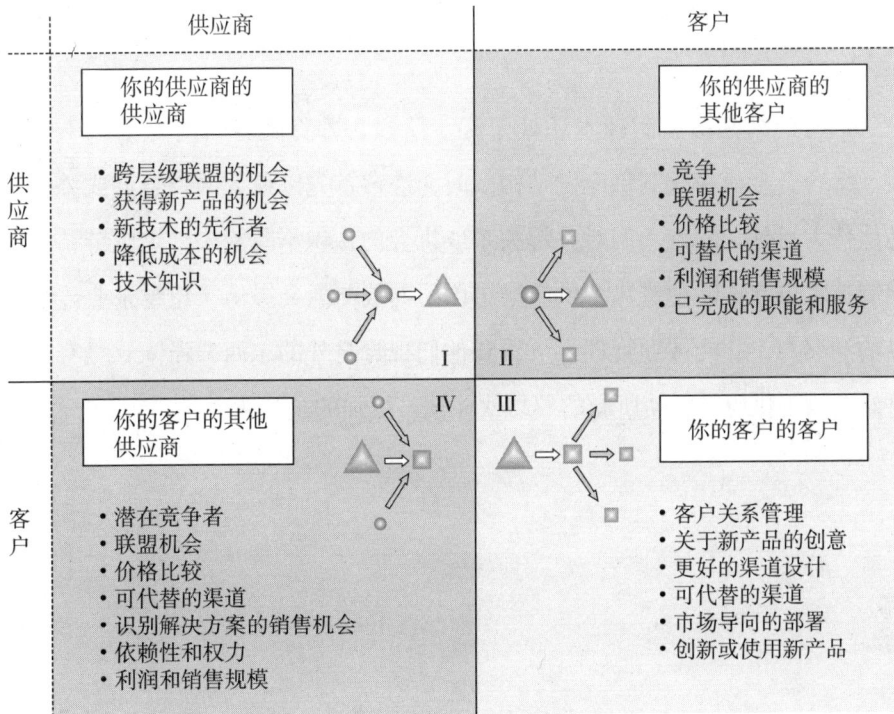

图 7.12　潜在贸易伙伴的战略分析因素

以财务为重点，将每个贸易伙伴的角色与供应链的各个环节联系起来，

137

可以带来协同性的财务改善。每个贸易伙伴都有其内在的财务优势，其中可能包括较低的资本成本、较高的信用评级或有可用的现金。供应链管理者可使用图 7.12 来分析供应链的财务管理。你不仅要考虑你的客户的客户和你的供应商的供应商，还要强调你的供应商的其他客户和你的客户的其他供应商的参与。

结论

供应链结构图绘制技术还处于起步阶段，并将随着时间的推移不断发展。结合资金流来绘制供应链结构图时，应该首先以最大的资金流或关键贸易伙伴为目标。随着人们对关键关系或机会的认识不断深入，供应链结构图绘制技术也在不断地进化。供应链结构图的战略意义提供了超越企业传统边界的洞察力，并能帮助管理人员看到他们视野之外的东西。强调双赢有助于更好地改善供应链，使所有的贸易伙伴获得更强的盈利能力。

SUPPLY CHAIN FINANCE

Risk management, resilience
and supplier management

第 3 篇
供应链金融实践——案例研究

第8章

供应链金融与网络风险：
一个描述性的案例研究

芭芭拉·高登西（Barbara Gaudenzi）

芭芭拉·高登西是意大利维罗纳大学企业管理系副教授，还是维罗纳大学的两个工商管理硕士项目（一个是风险管理方面的，一个是供应链管理方面的）的负责人。她在供应链风险管理方面的工作主要集中于商品价格波动性管理、风险管理、扩展供应链中的风险评估技术及供应链中的网络安全管理。她的研究成果发表在多个国际期刊上，如《采购与供应管理期刊》、《生产经济学国际期刊》（*International Journal of Production Economics*）、《物流管理国际期刊》、《工业营销管理》、《物流研究与应用期刊》（*Journal of Logistics Research and Applications*）、《企业声誉评论》（*Corporate Reputation Review*）、《商业经济学与管理期刊》（*Journal of Business Economics and Management*）、《供应链与运营弹性国际期刊》（*International Journal of Supply Chain and Operations Resilience*）、

《促销管理期刊》（*Journal of Promotion Management*）、《协同效应期刊》（*Sinerg Journal*）、《市场与竞争力》（*Mercati & Competitività*）、《营销趋势期刊》（*Journal of Marketing Trends*）和《审计技术国际期刊》（*International Journal of Auditing Technologies*）。

乔治娅·西西利亚诺（Giorgia Siciliano）

乔治娅·西西利亚诺是维罗纳大学的博士，从事管理和沟通领域的工作。2016 年，她在德国哥廷根大学做访问学者。她的研究兴趣集中于供应链风险管理、声誉管理、社交媒体分析和营销领域。她在多个国际期刊（如《促销管理期刊》）上发表过同行评审文章，并撰写了某些国际手册中的部分章节。她与风险管理研究生课程的组织委员会及维罗纳大学的工商管理硕士 Logimaster 项目合作。

乔治·斯蒂森（George Zsidisin）

乔治·斯蒂森是亚利桑那州立大学博士、弗吉尼亚联邦大学供应链管理教授，拥有注册采购经理和注册供应管理专业人士证书。他在采购和供应管理领域开展了广泛的研究，特别关注企业如何评估和管理供应链中的供应中断和商品价格波动。他发表了 70 多篇被广泛引用的研究和实践方面的文章，其中多篇文章关注供应链风险和连续性管理领域。他的研究得到了美国电话电报公司（AT & T）基金会和 IBM 的资助，并获得了供应管理学会、德国邮政、供应链管理专业委员会和决策科学研究所等颁发的多个奖项。他曾担任加拿大采购管理协会的供应链领导力计划的联合主任，他是国际供应链风险管理（International Supply Chain Risk Management，ISCRiM）网络的创始人之一，并在多个高级教育项目及美国和欧洲的许多公司中主持采购与供应链管理方面的讨论并教授相关知识。他是《采购与供应管理期刊》的名誉编辑、弗吉尼亚联邦大学供应链管理硕士课程的负责人及多个供应链管理学术期刊的编辑审查委员会委员。

*   *   *

网络漏洞等网络风险越来越多地出现在组织和供应链中，这可能会对数据安全、组织绩效和供应链资金流产生非常不利的影响。本章的目的是通过一个描述性案例来说明网络风险特别是勒索攻击对企业在供应链财务管理流程中的现金流、信用风险及其相关的财务实践活动带来了哪些挑战。本章的案例研究是关于保赫曼集团意大利公司的，该公司如何看待、管理网络风险及网络风险对其供应链金融的影响为我们提供了新的见解。案例研究的结果描述了网络风险如何对现金周转（应付账款、库存、应收账款）周期产生负面影响，如何削弱供应链现金流的可见性，并对产品和资金流动造成干扰。此外，本章描述了网络风险如何对信用评级、流动性产生破坏性影响，并且如果公司不加以处理，甚至可能导致公司资不抵债。

*   *   *

引言

　　供应链管理的研究文献将供应链定义为一组公司之间的产品、信息和资金流的集合。虽然在过去的半个世纪中，关于产品和信息流的研究非常普遍，但是人们对供应链资金流的理解仍然非常有限。从这个角度来看，供应链金融仍然被认为是一个新兴的研究方向。

　　网络漏洞等网络风险成为组织及其所在的供应链中的资金流管理面临的一个主要挑战。奥梅拉·汗（Omera Khan）和丹尼尔·埃斯泰（Daniel Estay）强调，由于每分钟都能传递大量的战略信息，现代供应链成为网络犯罪分子极易下手且回报丰厚的重要目标。普华永道的 2016 年全球经济犯罪调查报告称，2016 年与网络相关的经济犯罪问题大幅增加，并且在报告最多的经济犯罪类型中，与网络相关的犯罪数量从第四名跃升至第二名。与网络相关的经济犯罪事件可能会导致重大的财务损失和资金中断。

　　本章旨在说明网络风险如何对供应链金融构成挑战，以及网络风险如何对资金流及相关财务问题产生影响。为此，本章提供了关于保赫曼集团意大利公司的案例研究。保赫曼集团是一家总部位于德国的跨国公司，主要生产和销售用于个人保健、家庭治疗、伤口护理、消毒和手术等的产品，年销售额近 20 亿欧元。该公司在超过 85 个国家开展业务，在其中 30 个国家拥有自己的销售和生产机构。案例研究包括对保赫曼集团意大利公司 CEO、IT 经理和数据分析经理的访谈，以此调查他们如何感知和管理网络风险及其对供应链财务结构和资金流的影响。

网络风险与供应链金融：以保赫曼集团意大利公司为例

在医疗行业，供应链尤其容易受到风险和不确定性的影响，原因包括市场受到严格的管制、对人员和货物安全的潜在影响，以及在进行临床试验和响应竞争对手的活动时需要更有成本效益的运营方式。此外，对定制化产品的需求增加、产品生命周期缩短、药物生产批量规模减小等新兴趋势，都要求供应链为了患者和医疗服务提供者而增强财务和运营方面的可负担性与可获得性。

在此背景下，医疗行业面临的一个紧急挑战是要在财务报表中更多地使用 IT，让越来越多的财务数据被收集、分析，并以更准确、更快捷的方式提供给决策者。然而，最近出现了一些质疑，即 IT 故障是否会对数据的质量和可获得性产生负面影响，以及数据的泄露是否会对财务绩效产生不利影响。在这种情况下，我们分析了保赫曼集团意大利公司的案例。这家公司的商业模式基于定制化产品的生产和分销，这就要求公司持有大量的库存，这会对公司的营运资本和管理费用产生直接影响。

作为一家跨国公司，保赫曼集团意大利公司认为，网络漏洞可以很容易地扰乱财务供应链，该公司对网络风险管理的认识也证实了这一点。事实上，该公司的 CEO 强调，如果数据遭到黑客的攻击，可能会带来重大的经济损失。原因有两点：首先，当地卫生部门可能会考虑取消合同，公共部门也会取消该公司的供应资格，持续时间从 6 个月到 1 年不等；其次，网络漏洞可能意味着客户及其定制化产品的需求等相关信息遗失，也意味着公司将无法在正确的时间为客户提供正确的产品。这些情况将导致产品过时、客户不满意等问题出现，从而给公司带来负面的经济影响。

为了深入了解在保赫曼集团意大利公司中网络风险是如何影响供应链的资金流和财务结构的，我们采访了负责供应链管理的 CEO、IT 经理和数据分析经理。接下来的内容主要讨论了该公司的网络风险和弹性、供应链金融及网络风险对供应链金融的影响。表 8.1 展示了案例研究的结果。

表 8.1　访谈重点

主题	被访者	重点
网络风险与弹性	伦纳（Renna）（保赫曼集团意大利子公司 CEO）	• 培养风险意识对增强供应链的弹性及对网络风险等关键风险进行前瞻性管理来说是至关重要的 • 成为销售渠道领导者对促进风险意识培养、实施稳健的网络风险缓解策略来说是非常重要的 • 我们面临的主要的网络风险是什么？内幕交易和数据偷窃！发生数据偷窃意味着我们将落后于竞争对手至少 2 个月
	罗谢洛（Rossiello）（IT 经理）	多亏了我们在网络弹性方面的投资，两年前由勒索攻击引起的业务中断在 2 个小时内就得到了控制……我的工作是避免业务中断……如果业务中断发生，我必须尽可能缩短其持续时间
	佩拉加蒂（Pelagatti）（业务流程分析师）	• 我们能够预防和减少供应链范围内的所有风险。如果我们的第三方物流合作伙伴受到网络攻击，我们可以在 36 小时内更换它们。而无法替代的关键服务提供商则与我们共享先进的网络风险防范和缓解策略 • 网络攻击总是有意为之的。我们制定的网络风险应对策略旨在将所有攻击的影响最小化……但是，对于内部攻击，我们能做的却很有限
供应链金融	伦纳	供应链金融与净营运资本有关，而且尤其关注库存管理和信贷管理。这是非常重要的。我们必须优化每日库存、补货成本和库存周转率（尤其是定制产品）。同时，公司要与客户和销售人员合作，共同维持高水平的客户满意度。在这种情况下，供应链金融的目标是协作、高效和成本控制
网络风险对供应链金融的影响	伦纳	网络风险产生了两项影响供应链金融的直接成本：一是网络弹性战略成本，约占收入的 0.5%；二是 IT 人员应对网络风险所耗费的时间成本
	罗谢洛	公共管理部门等客户发生数据泄露或被竞争对手窃取数据，可能意味着公司将缺乏相关数据，无法在竞争性投标中设计出最合适的方案，还意味着公司可能会损失相关的佣金
	佩拉加蒂	我同意伦纳先生的看法……如果黑客窃取了这些数据，公司的声誉可能会受到损害，进而遭受巨大的经济损失，在未来 6 个月甚至 1 年的时间内失去与公共管理部门签约的机会

保赫曼集团意大利公司在网络风险方面的弹性

网络风险和弹性是保赫曼集团意大利公司重点关注的内容。该公司的管理人员强调，他们对有关风险认识的文化、培训和组织程序进行了系统的投资，以预防和管理公司内部及供应链上的风险。经过几次网络安全压力测试和渗透测试后，管理人员认为保赫曼集团意大利公司的供应链能够抵御网络威胁，并将继续投资于网络风险的预防和缓解，以保持供应链的弹性。

尽管有几项研究描述了网络风险是如何导致供应链业务中断的，但在我们的研究中，接受采访的管理人员认为供应链业务中断并不是网络攻击的主要后果。在这个组织中，或者说通常在这个行业中，一家工厂的业务中断问题通常由附近的其他工厂（也被称为"肺仓库"）的生产库存来解决。保赫曼集团意大利公司认为，这种多基地策略为其提供了出色的弹性。

其 CEO 更关心的是网络攻击造成的声誉损失或敏感数据的损失，这可能发生在供应链中几乎所有的地方。因此，其 CEO 声明要通过电子邮件的方式，非正式地严格监督供应商将其风险防范标准与该公司的标准保持一致。该公司利用其议价能力来促进供应商运用这种机制，研究表明这种措施与供应链的整体财务绩效成正相关关系。针对下游供应链，即私人疗养院、公立医院和公共管理部门等，该公司提供了关于网络弹性和业务连续性的培训。

其 CEO 强调，在组织的虚拟边界内交换信息和数据时，要对信息和数据进行高度保护，所有成员（包括仓库和生产基地）都要应用同样先进的 IT 安全平台（如镜像系统、过滤系统和备份系统）。例如，该公司在两年多前遭受了一次勒索攻击（通过一种可以向用户勒索钱财的勒索软件），但更新后的备份系统帮助该公司在两个小时内恢复。这意味着数据保护不仅要防御恶意的外部攻击，还要在未经允许的情况下，禁止内部参与者连接任何设备（甚至是充电线），从而使得内部攻击也很难发生。

当该公司通过活动或流程外包（特别是采用第三方物流服务）交换数据，以及与网络内的销售人员、卫生人员和商业代理人员进行数据交换时，数据可能受到威胁。第三方物流是该公司的一个重要顾虑，因为第三方物流公司管理着它们的敏感数据，但这些公司又都是当地的一些小公司，对网络风险缺乏充分的认识。事实上，最近就有一次网络攻击破坏了第三方物流公司的系统，导致其配送中断。在这种情况下，如果业务中断时间超过36小时，保赫曼集团意大利公司就要准备更换物流服务供应商。

保赫曼集团意大利公司还认为，由销售人员、卫生人员和商业代理人员管理的信息特别容易被用于内幕交易。如果客户关系管理（Customer Relationship Management，CRM）数据和相关预测数据失窃，意味着公司至少要落后于竞争对手两个月。其CEO表示，从员工那里窃取数据可能会严重损害该公司的竞争优势。

关于下游供应链，业务流程分析师解释了该公司是如何与公共管理部门的客户进行密切合作的，例如，公立医院是其网络风险管理策略方面的重要客户。这些公共部门的网络风险意识普遍较差，因此通常只是部分参与风险缓解和防范策略的制定。与此同时，公共部门在采购流程中大量使用电子邮件和IT工具，这加剧了网络风险的暴露程度。

保赫曼集团意大利公司的供应链金融

保赫曼集团意大利公司CEO将供应链金融定义为与净营运资本相关的任何行动和流程，尤其要关注库存周期和信贷管理。他强调，公司每天都在努力优化库存、补货成本和库存周转率（尤其是定制产品）。同时，公司要与客户和销售人员合作，共同维持高水平的客户满意度。在这种情况下，供应链金融的目标是协作、效率和成本控制，而被动周转（采购服务和生产材料）带来的影响较小。

关于营运资本，CEO 强调该公司受益于良好的流动性水平，这与行业的总体趋势不同。事实上，该公司销售后回款的平均天数（DRO）是 60 天，而 2016 年欧洲制药行业的跨国公司的平均 DRO 是 69 天。

在资产负债表中的资产方面，供应链金融面临的一个挑战是需要保持较高的库存水平，这对标准化产品而言尤其重要。高库存水平对营运资本而言是一项成本，但这也是一种很好的避免业务中断的风险缓解策略。此外，该公司的负债股权比率（Debt-to-equity Ratio）非常高，这为其获得有利的利率提供了高度的财务稳定性和强大的杠杆支持。

网络风险对供应链金融的影响

有两种网络风险能对供应链金融的资金流和财务结构产生显著影响。这两种网络风险就是表 8.2 中总结的勒索攻击和数据偷窃。另外，缓解网络风险的成本同样巨大，我们对此也做了讨论。

勒索攻击

受访者对勒索攻击非常关注，勒索攻击是通过一种向用户勒索钱财的勒索软件实施的。勒索攻击可能是由第三方物流公司和公共管理部门所采取的网络安全措施不足而引起的。事实上，IT 经理认为，他们必须考虑来自供应链最薄弱环节的网络风险，以避免由于无法获取数据而造成的业务中断及可能给客户和供应商带来的经济损失。

八成以上的勒索攻击都针对防御能力较差的企业。在此背景下，研究指

表 8.2　网络风险对供应链金融的影响

网络风险	应收账款周转天数增加	存货周转天数增加	应付账款周转天数减少	供应链现金流可见性降低	业务中断	信用评级下降	流动性削弱	无力偿还
勒索攻击	√	√		√	√	√	√	√
数据偷窃			√	√	√			

定义：

应收账款周转天数（DRO）——销售额，应收账款的回款天数

存货周转天数（Days Inventory Outstanding, DIO）——将所有库存销售出去所需要的天数

应付账款周转天数（DPO）——公司支付账单，应付账款的资金流

供应链现金流可见性——追踪客户和供应商的资金流的能力

业务中断——可预见的（如员工）或不可预期的（如电力故障）因素导致公司日常运营的中断

信用评级——一个独立机构对某个公司的债务到期时履行偿还义务的可能性的评价

流动性——在不影响资产价格的情况下，在市场上快速买卖资产或证券的程度

无力偿还——当债务到期时，一个组织或个人无法履行偿还义务

出，供应链中最薄弱的环节可能危及整个供应链的盈利能力，"尤其是那些故意破坏供应链运营的、有目的的代理人的行为"。薄弱环节也体现在一家公司很难与供应链中的其他成员在供应链技术、风险管理和 IT 安全等方面保持同步。

关于营运资本，IT 经理强调了当前信用风险管理中可能出现的不利变化，尤其是采购订单的减少可能会延长零售商（尤其是那些需要定制产品的零售商）的补货周期。因此，付款可能会推迟，DRO 也会增加，这都会对营运资本产生负面影响，从而导致流动性短缺。采购订单减少也意味着产品可能会被困在仓库里，DIO 增加。在这种情况下，定制化产品的出现使问题变得更加严重，因为这意味着该公司将失去在正确的时间向正确的客户销售这些产品的机会。

勒索攻击还会影响数据的可见性。事实上，该公司已经设立了一个在线平台。通过该平台，该公司在发票生成后就可以立即将其开具给公共部门。因此，供应链客户从交货日起到付款到期日的整个付款流程都具有准确、实时的可见性。这种可见性对双方的财务人员来说都特别有价值，因为他们可以计划、管理和控制供应链的现金流。受访者强调，勒索攻击可能会削弱数据的可见性，导致支付错误、超额支付和物流数据错误，进而对供应链现金流产生不利影响。

此外，受访者还讨论了网络漏洞可能对财务声誉造成的负面影响。事实上，该公司在金融机构（如银行、信用评级机构）中享有盛誉，信用等级较高。然而，网络攻击造成的数据泄露可能导致其信用评级下调，并带来若干后果。首先，从供应链金融机构（如银行）获得融资的成本可能增加，从而加剧了流动性风险。这带来的后果可能是产生销售净损失，因此公司无法在贷款到期日进行偿还，从而放大了相关的无力偿还的风险。其次，信用评级下调可能会导致一些大型供应商要求该公司缩短 DPO。最后，信息流被破坏可能会导致公司无法获得公共部门的订单和合同，时间可能长达 6 个月甚至 1 年。

来自竞争对手的数据偷窃

网络风险可能对供应链金融产生影响的另一个因素是来自竞争对手的数据偷窃，这可能导致价格、报价单、预测和需求计划等机密信息泄露。竞争对手可以通过线上数据泄露或贿赂内部员工来窃取公司数据。竞争对手一旦掌握了这些敏感信息，就很可能会在竞标中胜出，导致保赫曼集团意大利公司丧失商机。此外，数据偷窃可能导致数据不可用，使供应商和客户的资金流丧失可见性，进而使供应链的资金流受到威胁。

网络风险的成本

通过采访可以看出，该公司越来越将网络安全视为公司特定财务风险的一个重要决定因素，而且需要对能够增强网络安全的工具和方法进行投资。金融风险可能源于供应链内部的信任缺失，尤其是对银行和信用评级机构而言，这些机构可能会下调该公司的信用评级。这种信用评级下降可能会导致该公司无法使用某些资金来源，从而提高公司的融资成本，降低公司向客户提供信贷的能力。

此外，该公司的 CEO 强调，采用网络弹性战略的成本约为收入的 0.5%，因为公司不仅要投资于安全应用程序及安全策略来确保安全，还要投资于咨询业务来避免可能的问题（如法律和民事诉讼等）。从创收性（生产性）的资产中转移财务和人力资源，导致营运资本太少，这可能会影响该公司的运营活动。受访者意识到，虽然这种从创收性（生产性）资产中转移财务和人力资源的做法可能会对公司的营运资本造成不利影响，但他们认为相比于失去安全保障后付出的代价，用于防范网络风险的成本要低很多。

结论

本章通过对保赫曼集团意大利公司的案例研究，考察了网络风险如何对供应链金融和财务管理产生不利影响。制药行业的特点在于供应链复杂且在管理方面具有挑战性，供应链的财务和运营管理方式的不同使得企业有所不同。在此背景下，本案例超越了对产品流的研究，基于网络风险等突发威胁对供应链资金流的潜在影响，研究了应该如何预防和应对网络风险。尽管无法对结果进行概括，但保赫曼集团意大利公司的网络风险管理方法解答了最近研究中出现的对 IT 相关缺陷的疑虑。

勒索攻击便是这些突发威胁中的一种。勒索攻击会导致战略信息的丢失，还可能导致严重的财务危机、加剧信贷风险等其他问题。第二个重大威胁是公司的敏感数据被竞争对手窃取。对制药行业供应链而言，与资金流相关的敏感数据至关重要，虽然只有在公司赢得竞争投标后数据才能发挥作用，但是数据失窃可能会影响公司竞争投标的结果。此外，在这种情况下，数据的不可获得性可能会导致业务中断以及供应链中共享的现金流的可见性降低。保赫曼集团意大利公司认为，网络风险是供应链资金流管理面临的最大风险因素之一。因此，该公司非常注重对网络安全的投资。然而，我们也要意识到，这种向供应链运营活动转移资源的做法可能会导致公司的流动性产生问题，而营运资本的短缺会对供应链的整体效率产生不利影响。

第 9 章

宝马的商品风险管理：价格指数与合同

帕诺斯·马尔可夫（Panos Markou）

帕诺斯·马尔可夫是英国剑桥大学贾奇商学院的博士后研究员。他的研究兴趣包括财务、运营和技术等方面的各种风险管理。他的部分博士研究工作由宝马的原材料管理部门指导。在攻读博士学位之前，他曾在慕尼黑和南卡罗来纳州斯巴达堡的宝马工作，还曾在佐治亚州亚特兰大的达美航空公司的技术运营部工作。他拥有马德里 IE 商学院的运营管理博士学位和佐治亚理工大学的机械工程学士学位。

丹尼尔·科斯滕（Daniel Corsten）

丹尼尔·科斯滕是 IE 商学院运营与技术管理教授。他在瑞士圣加仑大学获得营销博士学位，并曾留校担任助理教授和副教授。他还作为访问学者访问了伦敦商学院、宾夕法尼亚大学沃顿商学院、欧洲工商管理学院和博科尼大学。他的研究论文发表在《管理科学》（*Management*

Science）、《战略管理期刊》（*Strategic Management Journal*）、《市场营销期刊》（*Journal of Marketing*）、《运营管理期刊》、《哈佛商业评论》（*Harvard Business Review*）和《国际商业评论》等管理期刊上。他还曾受到《金融时报》（*Financial Times*）、《彭博商业周刊》（*Bloomberg Businessweek*）、《印度时报》（*India Times*）和《法兰克福汇报》（*Frankfurter Allgemeine Zeitung*）等媒体的报道。

克里斯蒂安·卡杜克（Christian Carduck）

克里斯蒂安·卡杜克博士曾在德国达姆施塔特工业大学学习机械工程和企业管理。在攻读博士学位期间，他曾在瑞士圣加仑大学担任研究助理，并曾在新加坡的一家采购办公室工作。自 1999 年以来，他一直就职于宝马。他曾从事过采购、企业规划制订、原材料管理、产品与质量管理等多项工作，目前担任副总裁。

迈克尔·科布尔鲍尔（Michael Koblbauer）

迈克尔·科布尔鲍尔曾在德国雷根斯堡应用科技大学学习电气工程。他参与了西门子和宝马的电子开发等项目，并拥有多年的采购经验。他后来专注于帮助宝马控制直接材料采购。2011—2016 年，他在宝马的原材料管理部门负责方法及合同、流程和 IT 系统的设计。

* * *

财务和运营的供应链风险通常是由不同的业务部门独立管理的，而且这些部门的管理人员的观点各异。因此，措施的差异通常会导致风险应对的优先级与流程不匹配的问题。2008 年，宝马成立了原材料管理部，目的是对与采购有关的财务与运营风险进行集中化管理。这就为基于价格指数和 ILC 的合同与风险管理提供了一个新的框架。本章重点介绍了该框架及其对整合供应链的贡献，并解释了宝马为什么及如何利用价格指数来与其他供应链参与者共同管理财务和运营风险。这个框架不仅加强了买方与供应商的关系，而且通过投资决策改善了内部制造流程，还对可持续性实践产生了积极影响。

* * *

引言

对物料流和资金流的有效管理是供应链管理活动的基石。了解供应链成员之间的合作是提高管理效率及改善整个供应链绩效的关键。宝马的目标之一是与供应商尽可能透明、公平地开展业务。但是，在许多原材料和商品市场，由于影响商品风险的因素是非常复杂且外生性的，而且财务和运营方面的风险通常是独立管理的，因此这一目标很难实现。尽管规模庞大，但宝马（及其众多供应商）购买的各个类别的商品数量相对较少，这使其成了价格接受者而不是价格制定者。由于采购量小，宝马对于每个商品市场的专业知识都缺乏足够深入的了解。

宝马有志于塑造汽车行业的未来。为此，它开发了一个全面的框架，通过它与供应链中的其他参与者共同管理整个供应链中与商品相关的财务风险（如商品价格波动）和运营风险（如信息不对称）。该框架既加强了宝马对原材料市场的了解，还改善了宝马与其供应商的关系。此框架的重点是价格指数——这是宝马与其供应商签订合同的基础。本章将重点介绍此框架及其对打造一体化供应链的贡献，并解释宝马为什么以及如何利用价格指数来与供应链中的其他参与者共同管理财务和运营风险。

背景

宝马是一家汽车制造商，总部位于德国慕尼黑。作为世界上最具价值和知名度的品牌之一，宝马成立于 1916 年，最初是一家飞机发动机制造商。后来，宝马用蓝天下旋转的白色螺旋桨作为公司标志，向其起源致敬。宝马于 1927 年推出 3/15 车型并开始涉足汽车制造。在 20 世纪 60 年代和 70 年代，宝马打响了其作为跑车制造商的名声。

20 世纪下半叶和 21 世纪初以来，宝马的收入和运营规模增长强劲。2017 年，宝马的汽车业务部门的营业额达到创纪录的 886 亿欧元，宝马的总利润达到 199 亿欧元。宝马旗下的宝马、迷你和劳斯莱斯等品牌在过去的 10 年中每年向世界各地的客户交付超过 100 万辆汽车。这些成果的实现依赖于宝马的优势——强大的全球生产网络与供应链。成千上万的供应商为宝马的 30 多家制造和装配工厂提供原材料和组件，形成了一个从巴西到德国、从南非到中国的横跨多个大洲和国家的制造网络。

商品价格波动与信息不对称

像宝马这样从供应商那里采购物料的公司，面临着很多使签约变得困难的挑战。有两个基本问题阻碍了各方之间有效的物料交易——商品价格波动与信息不对称。

商品价格波动是制造业面临的最大金融风险之一，尤其是汽车供应链中的公司。从概念形成到批量生产，一款宝马车型的生命周期是 10 年。在此期间，商品和其他原材料的价格可能会出现大幅波动。原材料价格的大幅波动可能会影响宝马的短期获利能力并使长期批量生产计划复杂化，通常会导致车辆预测和生产方面代价高昂的调整。在供应链上游，供应商为了确保自己的长期盈利能力，往往需要调整计划和预测来适应宝马不断变化的需求，但这样做的代价可能会很高昂。宝马和其供应商必须承担外生的商品风险，因此如何分配风险通常是合同谈判的重点。

当市场不透明时就会出现信息不对称，而强大的参与者可以影响商品价格。宝马不直接采购商品，但它会购买原材料含量高的各种各样的零部件。如果市场不透明，那么宝马就很难知道所购买的零部件中的原材料的真实成本。由于与上游商品市场的关系更紧密，宝马的供应商具有商品价格方面的信息优势。

在汽车行业，汽车制造商要求供应商对重要的价格定位进行沟通。然而，由于在大宗商品市场中相对缺乏专业知识，下游制造商对其供应商的成本变动通常不知情，这使得供应链协调变得困难。在汽车业，供应商可能会利用商品价格上涨的机会报告汽车原材料成本上涨，从而获取不合理的利润。当价格下降时，供应商可能会倾向于延迟或避免重新谈判合同，从而使它们在利润获取上保持一定的缓冲。不透明和不公平定价的可能性会对宝马与其供应商之间的信任和满意度产生负面影响。这对整个汽车行业也很重要，因为汽车行业的供应链通常建立在长期合作的基础上。

原材料管理部

通常，财务和运营决策是由不同业务部门中的管理人员独立制定的，他们的观点各不相同。然而，措施的差异通常会导致优先事项与流程不匹配。

宝马的原材料管理部成立于 2008 年。建立该部门是基于财务和运营决策均至关重要且互相依赖的考虑，目的是从采购的角度系统地、协同地管理财务和运营风险。从广义上讲，宝马的原材料管理部是其风险管理指导委员会的关键组成部分，也是宝马的采购、原材料管理和财务操作之间的交叉点。更具体地说，该部门不仅需要制定缓解商品风险的财务策略，还要制定采购零件、与供应商签订合同的业务框架。2017 年，该部门负责对价格超过 39 亿欧元的原材料和零部件的采购和价格风险管理进行监督。

价格指数

宝马购买的每个零部件的价格中都包括原材料和其他投入的成本、转化成本（即人工和机器）及边际利润。宝马一直在广泛地分析原材料成本，但在合同谈判中，关于真实的原材料成本及其价格趋势的观点经常充满矛盾。通常双方签订合同时，宝马及其供应商都认为风险分配不公平。宝马的原材料管理部意识到，要想通过一种公平公正的途径来缓解宝马所承受的商品价格波动和操纵的风险，就要找到一种新的方法与供应商签订合同。因此，宝马的原材料管理部想到了将合同与价格指数挂钩。

如何设计最有效的供应链合同具有现实意义，并且吸引了大量学者的关注。在许多行业中，与价格指数挂钩的合同应用较为广泛并且得到了发展，甚至取代了更加传统的合同。ILC 建立在一个价格指数上，该指数旨在跟踪商品的真实市场价格。

价格指数的目标

价格指数的主要用途是使各方之间的交易更加有效和透明。每个价格指数反映一个特定的市场并为该市场提供资产的基准交易价格。该基准交易价格是一个参考点，像宝马这样的公司及其供应商可以基于此进行交易。价格指数用于增强不透明且缺乏流动性的市场的透明度和流动性。因此，许多（但不是全部）价格报告机构（发布价格指数的专业机构）非常注意收集详细、准确的信息和价格数据。

此外，价格指数可以与供应链合同联系起来，以减少与商品和原材料价格相关的波动性。例如，有一类合同根据价格指数所报告的近 3 个月的原材料的平均价格来决定宝马为零部件商品支付的价格，而非按照每周变化的原材料现货价格开展业务。这种价格跟踪效应帮助宝马及其供应商减少了价格波动风险，降低了短期利润波动，并改善了长期规划。

价格指数的特征

并非所有价格指数都是相同的，有些价格指数与其他指数相比质量更高。宝马的原材料管理部系统地分析了各种价格指数，并为高质量的价格指数定义了三个标准——总体的有效性、方法的透明度和操控的稳健性。

有效的价格指数可以准确反映现实世界的市场走势。宝马通过其供应商购买零部件，而不是在商品市场中参与交易。因此，它不可能知道所有商品市场的复杂机制和变动。宝马认为，如果价格指数基于许多数据点，则代表发生了大量的原材料交易；如果价格指数正确地反映了市场的经济和地理区域特征，则可将其视为有效。

透明度是指价格指数的范围和计算方法。商品价格指数可以使用平均交易价格或买卖差价等指标来计算。理想情况下，它们是吨位加权的。与价格指数如何计算相比，同样重要的是其计算方法是否清晰和公开。透明的价格指数定义明确，具有公开可用的计算方法，还会公布作为价格指数基础的数据来源和相关价格。

价格指数的稳健性涉及用于收集和验证数据及市场价格的统计程序。稳健的价格指数并不受人为的市场变动的影响，而是反映了真实的市场价格。此外，稳健性还涉及价格报告机构的独立程度，直接在市场中交易的代理商不应发布价格指数。

价格指数的类型

买方与供应商之间的信息不对称多出现于以下情况：一方比另一方拥有更多或质量更高的信息。在不透明和流动性差的市场中，上游供应商相比于买方拥有关于原材料成本和价格结构的信息优势。由于这些信息的不对称及其他市场特征，存在不同质量的价格指数。表 9.1 展示了宝马开发的价格指数。质量较高的价格指数（即具有更高有效性、透明度和稳健性）放在顶部，质量较低的则放在底部。

表 9.1　不同价格指数的优劣势

指数	优势	劣势
市场交易指数	• 高流动性和透明度 • 财务上能够通过衍生品管理风险（如期货和期权） • 被广泛接受和使用	只适用于大宗资产
市场价格指数	• 对很多资产都适用（如特种钢、运费） • 可使用金融衍生品，适用于流动性高的市场	不同公司和不同资产的指数创建方法差异很大

（续表）

指数	优势	劣势
市场价格评估	对很多资产都适用（如特种钢、运费）	• 通常不能对指数进行金融对冲 • 不同公司和不同资产的指数创建方法差异很大
贸易集团价格曲线	通常覆盖广阔的市场区域	• 高可能性指数反映了集体利益 • 只代表市场的一个方面
供应商价格图表	—	• 价格通常不能反映市场 • 价格被操纵的可能性较大
一般市场趋势	—	只适用于常规材料

市场交易指数最为有效、透明、稳健。在铝和铜等大宗商品市场，交易者在开放平台上进行高流动性交易。高交易量和高价格透明度意味着所有市场参与者都知道真实的材料价格。市场交易指数是由主要交易所（如伦敦金属交易所和上海期货交易所）发布的价格指数。

市场价格指数和市场价格评估由价格报告机构创建和发布，如普氏能源信息（Platts）、英国商品研究所和金属导报（Metal Bulletin）。价格报告机构通常是独立的第三方，不在它们所覆盖的市场中交易。要想发布市场价格指数和市场价格评估，机构就要定期联系生产、购买和交易各种材料的公司，调查它们交易材料的价格和数量。通过从众多公司那里广泛收集数据，价格报告机构通常可以准确地跟踪现行市场价格。市场价格指数和市场价格评估相似，但是计算的方法不同：市场价格指数是根据明确定义的公式或算法计算出来的，因此相对客观，而市场价格评估是根据机构分析师的专业意见而创建的，类似于新闻判断。

贸易集团是同一行业中公司的集合。德国的 WVS、西班牙的 FEAF 和欧洲的 EUROFER 是由钢铁生产商组成的三个贸易集团。这些贸易集团既代表它们所参与的市场，又代表组成集团的公司。它们有很强的动机提升其生产的材料的价格。贸易集团的价格曲线通常不透明，并引发了关于其方法论的有效性和稳健性的许多问题。这种价格指数不能抵抗市场操纵，相反，它们实际上可能会促进产生不准确的价格报告。

供应商价格图表和一般市场趋势仅应在没有其他令人满意的替代方案时使用。供应商价格图表中确定和提供的价格直接来自供应商本身，很容易受到发布者（即供应商）的影响，既不透明，也不能代表更大的市场。最后，一般市场趋势是关于市场发展趋势的一般出版物，如道琼斯钢铁监测（Dow Jones Steel Monitor）。

宝马对价格指数的应用

使用指数挂钩合同

除了充当独立的价格基准，价格指数还可用于供应商与制造商之间的合同。ILC 在最近几年得到了普遍应用。以航运业为例，该指数记录了一段时间内运输集装箱的价格。航运公司不再需要在每个不同的时期重新协商运输集装箱的价格，而是将合同与价格指数相关联，从而自动调整每个时期的价格。

当价格指数被当作 ILC 的基础时，基准价格为商品合同中指定的内容。市场价格变动时，合同价格会随之调整。换言之，合同中的价格是与价格指数挂钩的。当价格指数有效、透明和稳健时，ILC 可以缓解信息不对称：当原材料价格上涨或下跌时，宝马与供应商的合同中的零部件价格也会自动上涨或下跌。这种价格走势是透明的，并且以公平的方式随着市场价格变动。

此外，ILC 还有助于减少价格波动的风险。原材料价格经常波动，并且可能会在短时间内发生重大变化。波动性强意味着采购和生产计划的不确定性，使得宝马和供应商难以为未来制订财务计划。宝马的 ILC 框架通过在每个季度（或者更长时间）调整合同价格减少了这种风险。如果价格每个季度变动一次，而不是每天发生变化，宝马就能获得更稳定的价格。

物料附加费（Material Plus Surcharge，MPS）合同是每季度调整一次的合同，而价格调整（Price Adjustment，PA）合同是年度固定价格合同。这两种合同是宝马公司普遍应用的 ILC。图 9.1 展示了 MPS 合同和 PA 合同中两个具有代表性的定价方案。其中，MPS 合同规定的交货价格（深灰色）为上一季度原材料的平均指数价格（浅灰色），而 PA 合同规定的交货价格为上一年原材料的平均价格。在 MPS 合同中，宝马与其供应商签订的合同中的价格基于价格指数近 3 个月的移动平均值。本质上，这相当于允许供应商将原材料价格的波动转移给宝马。根据 PA 合同，宝马按一年的移动平均价格向供应商支付货款。

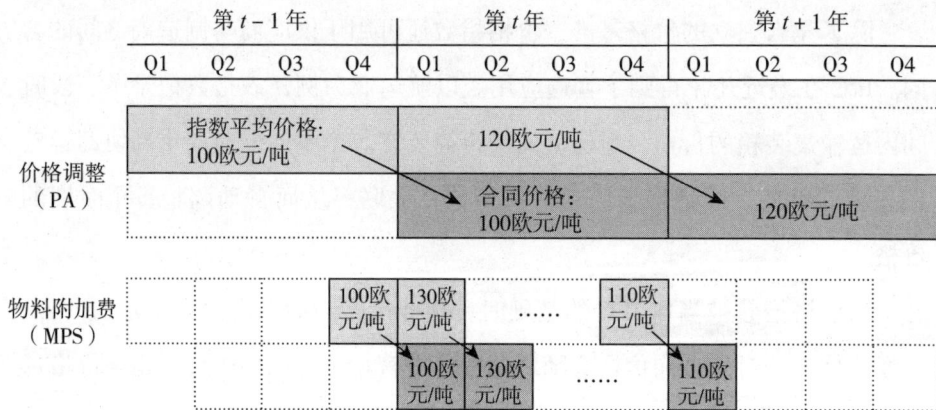

图 9.1　PA 及 MPS 指数与合同价格的关系

自原材料管理部诞生以来，宝马已将许多供应商和原材料类别纳入 ILC 框架。ILC 的选择取决于原材料的市场特征和可用的价格指数的质量。MPS

合同是一种标准化合同，仅当价格指数有效、透明和稳健时使用。以原铝为例，这种商品在伦敦金属交易所交易，然后该交易所公开发布每日的现货和期货价格。在这样的市场中，信息不对称的情况相对少见，宝马及其供应商都了解铝的成本结构。铝的市场交易指数是可用的最有效、最透明和最稳健的指数之一，因此宝马通常在 MPS 合同中将伦敦金属交易所发布的市场交易指数作为铝合同的基准。

对某些特殊钢材而言，没有全球性的交易。相反，这些钢材市场更加本地化且存在异质性，透明度较低。宝马必须依靠价格报告机构发布的价格评估或来自贸易集团的价格曲线。这种特殊产品的低流动性和不透明导致宝马与其供应商之间存在高度的信息不对称。对于此类市场中的原材料，宝马将根据 PA 合同向其供应商购买零部件。

通过指数挂钩合同管理风险

合同设计中隐含着由谁来承担风险的决定。根据实际情况，ILC 在宝马与其供应商之间转移商品价格风险。如上所述，宝马的理念是透明地与供应商开展业务并且保证公平。宝马希望其供应商将商品价格风险转移给它，以便集中管理风险。宝马比供应商通常更有能力管理商品价格风险的两个主要原因如下：第一，宝马的数千家供应商横跨多个行业、消费者市场和大宗商品市场，因此宝马能够比其供应商更好地分担风险；第二，宝马的信用等级始终是投资等级，因此宝马集中规避风险对供应商而言是非常有利的。

因此，价格指数与 ILC 能够作为一种促进机制，在宝马与其供应商之间转移商品价格风险。图 9.2 说明了此逻辑，该图基于伦敦金属交易所每月的铝价及具有代表性的 MPS 合同和 PA 合同规定的价格制成。首先考虑 MPS 合同的情况，MPS 合同的价格经常调整并更好地跟随商品市场价格走势，这意味着商品价格风险已经由供应商转移给宝马。高效的价格指数可减少双方之间的信息不对称，使得宝马可以通过财务上的风险对冲等方法安全稳妥地管理商品价格风险。

价格（欧元/吨）

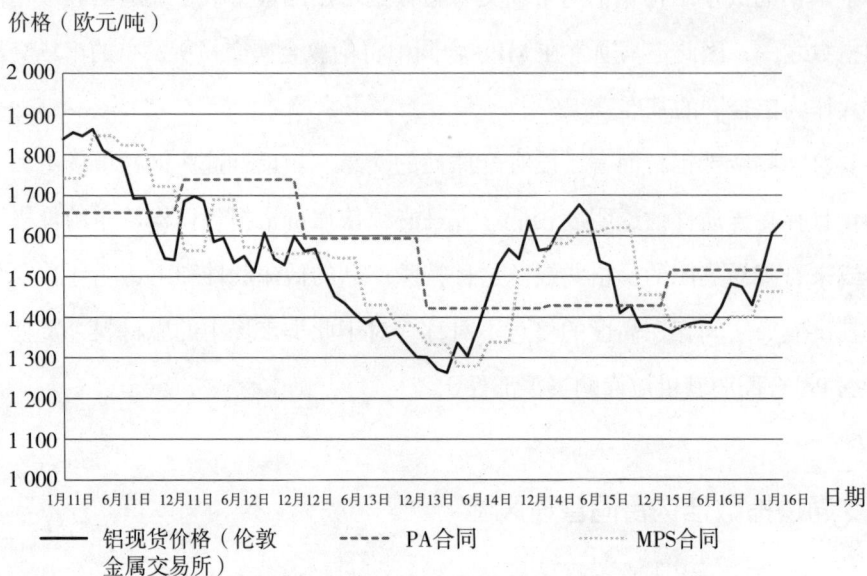

图 9.2　铝现货价格与 PA 合同及 MPS 合同价格对比

　　承担商品价格风险要求宝马有关于原材料成本结构的准确信息。换言之，MPS 合同最适用于信息较为透明的原材料，并适用于价格指数有效、透明和稳健的市场。当可获得的市场信息有限、价格指数质量较低时，宝马会与供应商签订 PA 合同。根据这份合同，宝马相对而言不易受到价格波动的影响，给定原材料的价格风险由供应商承担，而且供应商必须单独管理该风险。

　　图 9.3 展示了一个向供应商采购扬声器的例子。这种扬声器是由聚丙烯外壳、铜线和由钕（稀土）制成的磁铁组成的。由于铜是在高速流动的伦敦金属交易所中交易的，因此可以利用市场交易指数准确地跟踪铜的价格，并

将其写入与供应商签订的 MPS 合同。另一方面，由于聚丙烯和钕的交易市场相对缺乏流动性和透明度，只能通过市场价格指数和市场价格评估值跟踪价格，因而必须使用 PA 合同。这款扬声器的整体价格将基于不同的 ILC 下三种原材料的累计价格进行计算。

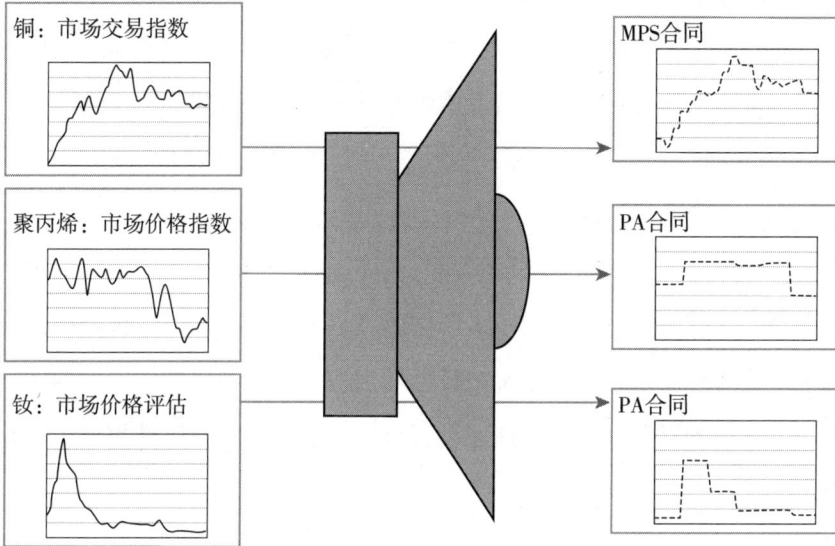

图 9.3　扬声器及其原材料与 ILC

制定更明智的产能投资决策

对指数及原材料市场有很好的了解也会对一家公司的投资决策产生重大影响。有两个例子能说明历史发展及对某个指数的长期预测导致了宝马价值链的重构。第一个例子表明，透彻了解铝市场和价格指数的变化可以优化内部冲压车间和铝铸造厂的结构。在某一时刻，宝马的原材料管理部观察到初级（纯）铝及次级（再生）铝指数已经开始收敛。这是由于初级铝生产商与次级铝生产商之间的价格竞争加剧，技术的成熟使得分离各种铝合金存在经济上的可行性，以及制造商对环保和"二氧化碳零排放"生产实践的需求增加。

考虑到这些情况，宝马的原材料管理部得出以下结论：从物理角度分离各种废铝合金将在中长期给公司带来更高的收入，而且公司还可以通过回收废铝并将其转售给次级生产商来抵消很大一部分生产成本。宝马随后投资建设了相关设施，使得公司可以在冲压车间正确地分离废铝合金板，并更有效地将它们带回铸造厂。此外，这个措施有助于提高宝马业务的可持续性。通过在生产过程中更有效地回收铝合金，宝马已经能够使得生产每辆汽车产生的废弃物总量少于 5 千克。

另外一个例子是，宝马观察到回收液体铝合金和固态原生铝锭的价格发生了偏离。在分析了本地和国际市场中的不同驱动因素之后，宝马决定投资建设更多的冶炼炉来利用原铝价格较低的优势，并在自己的铸造厂内回收废料。除了对业务有积极影响，这项投资决策对流程的可持续性也产生了积极影响。

结论

供应链合作伙伴之间的协调与合作是影响供应链绩效的关键要素。然而，制造商与供应商之间关于商品价格的信息不对称是供应链合同制定过程中的症结所在。当一方对原材料的真实价格信息有更多的了解时，它可以利用这一优势寻租，使另一方受损，从而导致供应链效率低下。通常来说，因为供应商在供应链上游，更接近"矿产"，因而更具有这种信息优势。

因为意识到采购中的财务和运营风险必须被一起管理，宝马最近对合同进行了调整，使合同的制定更依赖于第三方的价格指数。这些指数充当价格基准，反映了原材料市场价格的真实波动。但是，并非所有的价格指数都是相同的，每个价格指数的质量主要取决于其有效性、透明度和稳健性。本章重点介绍了宝马公司为管理价格波动、应对许多商品市场缺乏透明度等问题所做出的系统性的努力。

　　根据商品市场的特点和价格指数的质量，宝马利用该框架在供应链中部署 ILC。价格指数不仅减少了供应商试图操纵零部件价格的情况，而且有助于宝马制定不同的合同以合理分配其与供应商之间的风险。

第 10 章

从业务伙伴的视角看供应链决策的挑战

马特·卡彭特（Matt Carpenter）

马特·卡彭特是敦豪供应链高级财务总监。他目前负责监管零售客户，重点是美国的电子商务、时装、逆向物流和商店配送客户。他还为消费品、生命科学和服务物流行业的美国和加拿大客户提供支持。他曾在墨西哥城从事商业金融工作两年。他本科毕业于奥特伯恩大学，并获得了俄亥俄州立大学费舍尔商学院的 MBA 学位。他对为他的运营伙伴和客户发掘人才和创造价值充满热情。

贾森·瓦瑞（Jason Varey）

贾森·瓦瑞是敦豪供应链财务总监。他与消费领域的客户合作在北美建立仓库、进行包装，并提供运输解决方案。他拥有法律、房地产和保险等多个行业的商业金融经验。他毕业于马里兰圣玛丽学院经济学专业，还获得了印第安纳大学凯利商学院的 MBA 学位。他对以商业合作伙伴的身份创造价值这件事有很高的热情。他相信，通过不断地学习和发展能为客户的终级商业战略和目标提供支持的商业化的供应链解决方案，一定能够成为出色的商业合作伙伴。

* * *

供应链管理专业人员为了帮助他们的组织降低成本并改善现金流，承受着持续的压力。由于供应链具有复杂性、系统性和多面性，人们很难制定正确的供应链决策。本章的目的是为了说明并帮助组织预防某些常见问题，这些问题可能在基于部分信息制定决策时出现。本章探讨了一些关于短视的影响的例子，特别是与延长付款期限、无法了解决策的真实总成本、无意间折中为客户提供低质量的服务等有关的问题。我们希望本章内容能帮助读者更加全面地看待替代方案，并在此过程中改善决策的制定过程和结果。

* * *

引言

作为敦豪供应链的一部分，多年来我们有机会与许多有组织良好的企业及才华横溢的个人进行合作。在与业务伙伴的合作中，我们寻求风险和回报平衡的交易。与任何一位客户一起承担太多的风险都将使整个业务和我们其余的客户关系面临风险。长期的关系是至关重要的，因为持续不断的客户流失对我们和客户都没有好处。长期关系提升了业务的稳定性，改善了双方的计划能力及制定长期战略的能力。我们的客户在大多数时候都把事情做对了。然而，也有一些值得注意的决策过程不完整的例子。鉴于我们的客户的业务规模和范围都较大，这些决定可能会带来数百万美元的负面影响，并需要客户花费数年时间来消除这些影响。下面将介绍其中的一些案例及解决方案，旨在提供有用的信息，供其他人借鉴。

为短期收益牺牲长期盈利能力

由于感受到来自股票分析师的压力，企业更倾向于满足即时、短期的获利能力和投资水平的现象越来越普遍。此外，还有一个原因是许多高层管理人员会收到基于当期业绩的大量奖金。例如，最近与我们合作的客户在销售方面达到了平稳的状态。然后，鉴于整体增长趋缓，该公司苦苦地削减成本，之后在杠杆收购中被私有化。被私有化之后不久，该客户来找我们寻求供应链金融方面的帮助，目的是即刻释放现金流好让他们既可以处理新债务，又能实现成长。我们愿意与他们进行融资项目的合作，因为这能使我们与他们一起发展业务。当前该客户的付款期限为 60 天，而其正在寻求将付款期限延长至 300 天的付款条件。我们对延长付款期限所产生的风险及成本进行评估，结果显示这对任何一方来说都不是可行的选择。关于如何评估延长付款期限的成本请参见埃拉姆、泰特和费尔南德斯的研究。

我们开始评估通过第三方平台为该公司提供应收账款融资的成本结构。通过第三方平台，敦豪能够满足客户提议的 300 天的付款期限，并且第三方平台能够在向客户提交发票起的 10 天内收到款项。这使我们两家公司的现金流都得到了改善，而且其成本比两家公司之间直接实施的其他融资方案都更具竞争力。通过第三方平台融资的费用包括基于客户信用的固定收费，加上基于时间的浮动的伦敦同业拆借美元利率（LIBOR USD Rate）。这个方案的总成本确实比客户在 60 天内付款的成本更高，但比直接通过敦豪进行融资的成本要低。

客户增加的供应链成本并不包含在它们当前的运营预算之内。尽管这个付款期限为 300 天的融资方案将导致其融资成本长期地大幅增长，甚至会导致其全球计划与区域运营计划之间产生错位，但该客户仍旧注重偿还私人股本收购带来的债务，而被迫推迟本年度的现金支付。相比付款期限为 60 天的融资方案，付款期限为 300 天的融资方案增加了客户 2% 的融资成本。而数月之后 LIBOR 的上升又使客户的融资总成本增加了 1%，而且未来利率上升的风险仍然存在。尽管市场的这种变化使这种替代方案的吸引力降低了，但它仍然是满足客户对现金流的需求的最佳选择。客户既能将现金用于支付较高利率的债务，还能为业务扩张提供资金。通过合作及对客户和敦豪项目目标的透彻理解，我们利用第三方平台为客户提供融资，形成了双赢的局面。

在类似的例子中，另一位客户希望将支付条款从现金流不受影响改为延期 180 天按月支付。现金流不受影响是指几乎在客户将业务费用支付给敦豪的同一时间，敦豪也向其合作伙伴或者供应商进行支付。这个例子的背景类似于第一个例子，该公司的最终控制权掌握在私人投资者手中，这些私人投资者想要收购其他那些希望通过被收购来获得资金从而偿还债务的公司。令这种情况具有挑战性的原因是做了错误的假设：这种改变在没有第三方或者不产生额外成本的情况下就可以实现。在评估提议的变更对项目的风险与回报的影响后，敦豪建议客户使用借助第三方平台进行融资的方案来达成目标。这是因为，与让敦豪同意延长付款期限相比，通过第三方平台进行融资的成本更低。如果敦豪必须为客户要求的 180 天的付款期限提供融资，我们给客户的价格将使他们的融资成本提高约 5%。与此同时，我们给客户提供了借助第三方平台进行融资的便利，甚至提供了入门指导。如此一来，客户就可以用更加低廉的融资成本获得相同的结果。但是，客户拒绝选择这种方案，因为他们有一个内部命令，要直接通过其供应商融资，而且几乎没有妥协的空间。客户对实现目标的手段无法妥协，结果它只能达成部分目标。在其最终选择的融资方案中，付款期限虽然延长了，但短于公司的目标付款期限，而且实现这一付款期限的成本比预期成本高了数倍。与第一个例子类似，由于运营部门和推动此变革的支持团队缺乏协调，融资成本的变化未被包含在区域成本预算中。

关于此类陷阱的最后一个例子是一家公司要求预付款以换取续约、延期、未来有保障的业务或将来的价格上涨。而促成预付款的条件是，如果客户未履行合同条款和义务，则其必须允许另一方"撤回合同"。这是比我们原先想的更常见的做法，但只是把问题从这一期推到了下一期而已。这通常发生在客户的会计年度的最后一个月，因为这时客户最终确定了销售和成本预测，并且意识到了资金短缺。对世界上大部分地区的公开上市公司而言，现在就持有现金却没有注意到潜在的偿还的法律责任的会计做法是不可接受的。

我们致力于为客户提供价值和创新。为了做到这一点，我们必须有一个盈利的业务。延长付款期限的价值需要根据其产生的额外供应链成本来理解。无论供应商是接受更长的付款限期还是使用供应链融资，融资成本都会上升。这些融资成本将以某种方式转移，最终将导致客户支付更多的钱。当然，这是满足客户对现金流的需求的流行解决方案，但客户是否真的评估了这是不是最好的解决方案呢？

无法计算总拥有成本

总拥有成本（Total Cost of Ownership，TCO）不是一个新概念，但它需要从一个整体的视角进行衡量，而许多公司都无法做到这一点。TCO 用于衡量购买的特定商品、服务或解决方案的真实财务成本。这种整体视角可能要求公司在一个领域投入更多资金以减少另一个领域的成本，并用最低的总成本获取所需要的特定商品、服务或解决方案。

我们的一位长期客户正在寻求添加新基地来扩大销售网络。当时，整个北美区域还有 5 个配送中心，因此新基地的地理位置比较容易确定。客户负责选择确切的基地位置。其最终选择是根据某个县的税收优惠政策和附近制造厂的运输成本决定的。新基地在一个小型自治市内，距离较大的都会区约 72 千米。该都会区有敦豪为其他多个客户运营的一个园区，但客户所选自治市的位置位于都会区与园区相对的一侧。鉴于在那里进行建设的诱人的激励措施，这个客户与房地产开发商签订了为期 10 年的租约，但它没有正确理解并评估该地区吸引和留住合格人才的能力。该基地的位置离地铁站太远，使得公司很难获得需要的供应链劳动力，因为员工大多需要通过地铁上下班。该基地距离另外一个拥有超过 1 000 名员工的基地也很远。同时，员工的薪资不够高，无法吸引生活在该区域外的、拥有自己的交通工具的人来这里工作。高离职率和低可用性使得人力资源部门需要与运营商及顾客手把手地合作来一起部署新策略，为基地配备人员。合作和伙伴关系对敦豪达到所需的服务水平非常重要，对客户了解原始 TCO 的变化也非常重要。为了满足劳动力需求，实际的 TCO 比预期有所增加。

现在看另外一个例子。我们的一位客户经常需要根据季节性变化定制产品，并在节日期间销售。该业务的预算包含在该客户的营销团队的预算内，并不被纳入其供应链成本。该营销团队历来使用一家采用共享模式的代加工厂来生产套件，因为该代加工厂的生产成本较低。敦豪从仓库中挑选产品、打包，再将产品运到代加工厂。然后，代加工厂制作工具包和展示架，将其打包，然后将它们运回敦豪。敦豪完成订单并分发给各个商店。除了工具包和展示架的生产成本，剩余的所有成本都不在营销成本范围内。敦豪负责管理运营中心，并确定对客户来说将定制与配送中心放在一起成本更低。尽管由劳动力市场驱动的定制化生产的成本较高，但这可以避免双重处理和运输。在对 TCO 进行联合审核后，客户在我们的配送中心安装了自己的生产设备。我们成功地将定制业务以更低的价格运行了两个季度，节省了客户的TCO（见表 10.1）。该客户的供应链负责人离开企业后，其营销团队重申了他们的立场，并将业务移回了代加工厂。该客户不知道它已经为闲置在我们工厂的资产支付了资金。更换了供应链负责人后，该客户再次考虑将 TCO 作为决策依据，又将业务转移了回来。在资源变更期间，供应链总成本承担者的缺失和业务连续性的缺乏对客户的 TCO 产生了很大的影响。

表 10.1　总拥有成本对比（示例）

单位：美元

外包成本	全部外包给敦豪的单位成本	运输到组装工厂的单位成本
组装	1.20	1.05
运输到组装工厂	0.0	0.30
从组装工厂运回来	0.0	0.30
收货/处理/发货	0.0	0.20
每单位总变动成本	1.20	1.85

　　在上述两种情况中，管理者都只注重降低 TCO 的一个方面，但缺乏对每个不同流程的全面审核，因此造成了公司做出非最佳决策的情况，使得 TCO 增加。通过上述案例，我们可以得出结论，拥有整体视角可以增强公司在全球市场中的竞争力。

无法正确地将期望的服务水平与所需的成本匹配起来

我们与一位长期合作的客户的伙伴关系始于运营五个区域配送中心。接管另外两个配送中心后，这一模式演变成运营客户的整个网络。这种关系的成功建立在持续改进、创新、提高质量和降低单位成本的过往记录的基础上。公司通过收购而成长，还收购了新品牌，新品牌可以通过配送中心提供更多的产品。客户期望这些改进可以通过固定成本杠杆来推动成本降低，并决定对整个网络进行招标。经过竞争性投标程序后，客户选择了另外一家第三方物流服务提供商，其承诺将跨网络的总成本降低 20%。

当客户开始执行过渡计划时，显然他们实施新的第三方物流的最初时间表会对他们的客户群带来重大风险。在某些情况下，基地的转换日期更改了三次，最长六个月。前两个完成过渡的基地因低成本的运营体系造成了服务质量和准时性下降。由于新的解决方案无法满足服务期望，客户必须将这些基地的货物转移到现有的仍由敦豪运营的网络。然后，客户决定停止过渡并恢复原先的基地网络。在这个例子中，我们看到了如果组织没有协调好成本与质量的关系，必将面临巨大的挑战。客户要愿意质疑为了达到更低的成本需要进行哪些权衡。

在另一种情况下，有个新客户决定开设第二家配送中心。这个决定基于前瞻性的销量增长，并且该客户认为当库存更加接近其客户时，其能够从中获得收益。该客户能够在当前不扩展设备的情况下处理网络中的业务量，尽管在交易量大的时期，这对其很有挑战性。该客户目前的配送中心可处理批发、零售和电子商务的业务量，而新创建的配送中心只能处理电子商务的业务量。其电子商务在很大程度上受到促销活动的驱动，很难按小时或天数来预测交易量。这是因为，当时该客户对已有的配送中心的能力没有需求。此外，与新配送中心相关的固定成本给该客户的供应链带来了成本压力，而这项成本需要通过额外的销量才能抵消。月度销售预测失误也导致该客户需要在持续多天的促销活动结束时提供更大的折扣。该客户的客户迅速了解这一点，并相应地调整了订单。

由于所需的服务水平非常高，因此工作人员必须坚守岗位，以防订单减少。该客户所做的预测几乎总是严重高估或低估，再结合劳动力的成本，该模式是失败的。在头两年后，考虑到没有额外的业务量需求，敦豪和该客户均同意终止合作关系。这使得该客户又一次将业务移回自己的共享设施。该客户原本期望的因缩短订单周期而增加的销售额并没有实现。此外，因电子商务处于低迷时期，而且电子商务设施是独立的，他们失去了与其他部门共享电子商务人员的能力。

通过对风险和机遇进行评估并结合当前的需求，公司领导层应该能够预测按计划实施某一方案的成功概率。此外，在对潜在的结果进行评估时，公司领导层应该对由正确行动带来的收益及由错误行动产生的代价进行综合考虑。

结论

我们讨论了在实际的供应链中可能发生的各种问题。总体来说，本章想要传递的信息是，供应链决策的复杂性是不容忽视的，任何决策都不是简单地通过非一体化的方式拼凑而成的。制定供应链决策需要公司领导者有一个整体的、短期与长期相结合的视角，这样才能确保公司可以按时、按预算地交付产品——最重要的是，能够超出客户的预期。

SUPPLY CHAIN FINANCE

Risk management, resilience
and supplier management

第 4 篇
供应链金融研究——研究趋势及未来的
研究领域

第 11 章

探索供应链金融生态系统的碎片化

克里斯托弗·巴尔斯（Cristof Bals）

克里斯托弗·巴尔斯是德国多特蒙德工业大学的博士。他的研究聚焦于日益增长的数字化经济中的供应链金融。在从事研究工作之前，他在银行业全职工作了 11 年，主要在德国和印度负责贸易融资和供应链金融业务。在此期间，他为德国一家大型银行管理全球供应链金融业务长达两年半的时间。

莉迪娅·巴尔斯

* * *

供应链金融的生态系统和市场动态还没有得到广泛的研究。本章以仿生学研究为基础，聚焦于供应链金融生态系统视角的概念构建，将当前供应链金融采用的研究视角从二元或特定的参与群体扩展到更广泛的供应链金融生态系统并进行分析。本章作者认为，通过 IT 赋能，增强的连通性和加强的信息流将成为促使供应链生态系统进化的核心。然而，当前供应链金融生态系统的碎片化可能会阻碍其进一步发展和信息流的透明化，也因此将限制其被更广泛地应用。本章将对供应链金融生态系统与自然生态系统进行比较，从而得出如何应对供应链金融生态系统碎片化的方案。

* * *

引言

供应链中的资金流日益成为研究与实践的焦点。2008 年的金融危机使得企业需要在资金获取受限的情况下寻找创新的流动性解决方案，而此类解决方案的产生推动了供应链金融的发展。

目前，技术变革正在重塑供应链金融所在的整个商业生态系统。詹姆斯·摩尔（James Moore）将当下的商业生态系统描述为"在商业生态系统中，各家公司围绕一项创新共同发展：它们以合作和竞争的方式来支持新产品，满足客户的需求，并最终将其纳入下一轮的创新"。IT 的发展使得企业之间的互联性越来越强、信息流越来越多，因此 IT 被认为是供应链金融生态系统的核心创新。互联性的改善和信息流的增加（如通过平台）正在消除供应链参与者之间的信息不对称，从而挑战了现有的商业模式。因此，鉴于供应链金融解决方案是由多个供应链参与者之间的信息流和资金流组成的，从商业生态系统的视角进行研究有助于研究人员理解供应链金融的发展。

　　除了亚科诺、修·赖恩多普（Matthew Reindorp）和尼科·德拉特（Nico Dellaert）对供应链金融市场做了模拟，供应链金融的生态系统和市场动态还没有得到广泛的研究。学者们认为当前的供应链金融生态系统的覆盖范围有限，而且在实施的过程中支离破碎。供应链金融生态系统的碎片化主要体现在许多封闭的供应商专用平台之间的竞争，以及形式和定义的多样化。

　　仿生学的概念主要被应用于产品开发，很多产品是模仿大自然中的事物而开发的，如模仿壁虎脚开发的便利贴。除了被应用于产品开发，仿生学还可用于寻求对管理流程和组织问题的见解："仿生学是一种通过模仿自然界久经考验的模式和策略，为人类面临的挑战寻求可持续性解决方案的创新方法。其目标是通过产品、流程和政策的创新来创造一种新的生活方式，好让人们长期适应地球上的生活。"

　　该理论认为，自然生态系统在其自身结构和进化过程中表现出了某些特性，这些特性可以为新兴的供应链金融生态系统提供灵感。换一种说法就是，在商业生态系统和自然生态系统及其进化过程中，有哪些原则可以帮助解决当前的供应链金融生态系统碎片化的问题？

　　本章从仿生学的视角，基于森林生态系统的相关研究，聚焦于供应链金融生态系统的概念构建，从而将供应链金融的研究拓展到更广泛的供应链金融生态系统，并寻求减少供应链金融生态系统的碎片化、促进供应链金融生态系统共同发展的方案。

　　本章的内容结构如下：首先，描述当前的供应链金融生态系统；其次，从文献中总结归纳自然生态系统的关键原则及其演变过程；最后，通过比较这两种方法，得出如何处理供应链金融生态系统碎片化的问题的结论。这一章的结尾是对未来研究的启示和建议。

当前的供应链金融生态系统

在前文提到的商业生态系统的定义中，核心思想是商业生态系统是随着时间的推移不断进化的。摩尔指出，商业生态系统的进化不是静态的，它的四个阶段分别是诞生、扩张、领导、自我更新（见图 11.1）。与自然生态系统类似，摩尔看到多个商业生态系统在不同的发展阶段相互竞争，而且每个商业生态系统中都有一个领导者。在这个竞争的过程中，领导者和组织结构出现，并在各种选择中确立了自己的地位。这四个阶段的主要特点如下。

- 诞生——创业阶段。这个阶段的重点在于定义并实现公司的价值主张。这是一个不断试错的过程，不同的公司之间会有合作。

- 扩张——公司的理念及价值已经建立。这个阶段的重点在于扩张，不同的供应商之间开始争夺市场份额，更快的扩张速度是它们实现生态系统领导目标的一项优势。

- 领导——建立增长和盈利能力。在这个阶段，商业生态系统的成员和发展的稳定性非常重要。拥有了需要的东西，领导者才能专注于维持对其商业生态系统的控制。

- 自我更新——对于已建立起来的生态系统，威胁可能来自于新的商业生态系统出现和创新，也可能来自于环境（如监管、客户模式、宏观经济条件等）的变化。为了生存，已有的领导者可能需要对已建立起来的商业生态系统的结构和文化进行深刻的变革。

正如摩尔所强调的，这些阶段的分界并不十分清晰，而是重叠的。本章将进一步回顾商业生态系统的各个阶段，以便将供应链金融生态系统置于这一背景下，进而促进未来的研究命题的确定。

	协作方面的挑战	竞争方面的挑战
诞生	与客户和供应商合作，围绕创新来定义新的价值主张	保护自己的创意，以免他人进行模仿；掌握关键客户、关键供应商和重要渠道
扩张	通过与供应商及合作伙伴合作，将新产品带到一个更大的市场中，扩大供应规模，并达到最高的市场覆盖率	阻止类似创意的实现；通过主导关键细分市场确保自己的方法成为市场标准
领导	为未来描绘一个令人信服的愿景，鼓励供应商和客户共同努力，继续进行改进	对生态系统中的其他参与者（包括关键客户和关键供应商）保持强大的议价能力
自我革新	与创新者合作，针对现有的商业生态系统提出新创意	维持高准入门槛，防止创新者建立替代商业生态系统；维持高客户转换成本，以争取时间将新创意融入自己的产品和服务

图 11.1　商业生态系统的各个进化阶段

将这几个阶段应用于供应链金融时，我们可以认为供应链金融生态系统目前正处于阶段二（扩张）和阶段三（领导）之间，原因如下。虽说供应链金融已经满足了阶段二的标准（例如，被广泛地应用，具有扩张性、增长能力），但它仍然缺乏阶段三的一个核心特征——标准化。摩尔是这样描述阶段三的："在第三阶段，公司开始专注于标准化、接口、模块化组织及客户 - 供应商关系管理。"之前大家一致认为供应链金融标准的缺乏是导致供应链金融难以得到广泛应用的一个重要障碍，因此需要更多的关注。以下两个观点说明了这一点。

"这方面的一个问题是，沟通金融服务时缺乏标准。例如，经批准的应付账款融资也被称为供应链金融或供应商融资。它既可以作为一个预付款产品，也可以作为一个真实销售的产品。因此，客户很难去理解、比较不同的产品与服务。"

"由于缺乏标准化，各种各样的金融服务提供商增强了实践和应用平台的多样性。例如，一家供应商可能是多个不同的供应链中的成员，因此也可能是多个平台的一部分。这种情况下，在制定服务规范时，金融服务提供商往往会忽略客户对标准化的需求。"

从业者也将缺乏标准视为一个重要问题。2016 年，国际商会（International Chamber of Commerce，ICC）与多个行业协会联合发布了一份白皮书，提出了供应链金融产品和术语的标准定义。这份白皮书强调："鉴于供应链金融技术的多样性，不太可能实现完美的一致性，但是标准化的命名将极大地促进供应链金融市场支持技术的发展及基于网络的服务的设计、开发和部署。"正如本章引言中所强调的，更强的互联性和更多的信息流是供应链金融生态系统发展进化的核心，而且可以通过 IT 得以实现。为了进一步发展，供应链金融生态系统依赖于各方之间建立基于共同标准的高效和有效的信息交换。

在这一点上，弗雷德里克·卡尼亚托（Federico Caniato）等人也强调了供应链自动化和数字化的重要性。他们认为，数字化水平是部署不同供应链金融解决方案集群的最关键的促成因素之一。因此，我们可以认为标准化与更高程度的自动化相结合是供应链金融生态系统发展到下一阶段的关键先决条件。

亚普·尼恩惠斯（Jaap Nienhuis）、穆奈姆·科尔泰（Mounaim Cortet）和杜威·莱克拉玛（Douwe Lycklama）认为，正是由于缺乏标准，同时供应商之间缺乏协作，才导致了供应链金融生态系统目前的碎片化状态。他们还认为，解决碎片化问题对进一步发展供应链金融市场是非常有必要的，同时还能使供应链金融生态系统中的所有参与者受益。但是，这需要供应商转变其思维模式。我们可以认为，让供应商转变思维模式的障碍之一就是客户对供应商的"锁定"所带来的好处。从供应商的角度来看，这些"锁定效应"是有益的（如使用专有平台），因为它们有助于留住客户，并为更长期的交叉销售提供了基础。然而，从客户的角度来看，这些"锁定效应"带来的影响是消极的，因为当客户与特定的解决方案和资金提供者绑定时，这其实限制了客户的选择及不同融资方案在成本方面的竞争。

供应链金融生态系统中的参与者之间相互协作的需求引发了一些有趣的问题，例如，参与者是谁，它们在供应链金融生态系统中扮演什么样的角色。虽然在供应链金融领域关于供应链金融生态系统的研究仍然比较缺乏，但我们可以从其他领域寻找灵感。在最近的一篇文献综述中，康斯坦丁诺斯·马尼卡斯（Konstantinos Manikas）将软件生态系统定义为"与通用技术基础设施相关的软件和参与者进行交互，产生了一系列的贡献，并直接或间接地影响了生态系统"。此外，每个生态系统的参与者都扮演着一个或多个角色，并寻求为自己和整个管理和支持生态系统增加价值的方法。生态系统中的一个重要角色是协调者。协调者是一个或一组参与者，通常负责管理和支持生态系统。马尼卡斯的研究结果强调了两个方面的重要内容：商业生态系统参与者寻求为自己和整个生态系统增加价值，反映了持续改善商业生态系统的协作因素；商业生态系统中有一定数量和多个种类的参与者的重要性。接下来要探讨的观点是，参与者的多样性是生物生态系统研究的一个中心主题。

仿生学——从自然生态系统中学习

在成熟的自然生态系统中，资源（如水、矿物等）的有效（重复）利用是由系统中的成员扮演生产者、消费者、食腐者和分解者这四种角色中的一种或多种来实现的。在自然生态系统中，初级生产者（如植物）、消费者（如食肉动物）、食腐者（如某些昆虫）和分解者（如真菌和细菌）是有区别的。有趣的是，每个角色的数量是不同的。在成熟的自然生态系统中，生产者、食腐者和分解者占大多数，而消费者占少数。

本研究认为，自然生态系统中的这些角色也可以应用于供应链金融生态系统。其中，参与者在信息和资金这两项主要资源的循环中扮演多个角色。例如，供应商是信息的生产者（如发票）和资金的消费者。相比之下，银行是信息的消费者（用于风险评估）和资金的生产者。多银行平台的提供者可以被视为食腐者和分解者，它们根据需要在各方之间收集、转换、分发信息和资金。

有关每个角色在成熟的自然生态系统中的占比并不完全适用于供应链金融生态系统，但值得注意的是，目前的供应链金融生态系统缺乏食腐者和分解者来帮助促进信息和资金在所有生产者和消费者之间顺畅地流动。与此相反，目前的供应链金融生态系统中有单独的供应链金融提供者（即资金生产者或信息消费者），它们控制了供应链中其他供应商和核心企业（信息生产者或资金消费者）的信息流和资金流，从而降低了供应链金融生态系统的整体信息透明度。

自然生态系统如何利用分解者来维持信息透明度及协调物质的流动呢？一个典型的例子是森林中的菌根真菌网络。菌根真菌网络"从更远的地方收集养分，并与植物中的糖分交换，使得植物无须进化出发达的根系"。事实上，真菌为不同树种之间的养分和信息的双向交换提供了基础："菌根真菌网络通过连接多个植物的根（包括不同的物种），促进碳、养分和水在植物之间的转移"。值得关注的是，在自然界中交换的资源（如水、矿物质等）到底是如何实现标准化的，以及菌根真菌网络如何跨多种植物运作（以有效地连接森林的各个部分）。因此，菌根真菌网络可以被视为一个有效的协调者。

讨论和命题

结合上述观点，本研究提出了进一步推进供应链金融生态系统发展所需的四个核心原则（见图 11.2），其目标是使信息和资金的流动透明、高效、不受阻碍，为所有相关方创造价值。下面将对这四个核心原则展开讨论。

遵循摩尔提出的商业生态系统的观点，本章提出的四个核心原则将合作和竞争的各个元素相结合。本章提出的原则与摩尔的观点的不同之处在于如何设定协调和竞争关系。摩尔提出，竞争应该发生在相互竞争的生态系统之间，而每个生态系统都由一个明确的领导者（如苹果、IBM 等）来进行协调。这一观点反映的是一种以个体成员为中心的商业生态系统协调模式，其存在着使现有问题长期存在的风险。

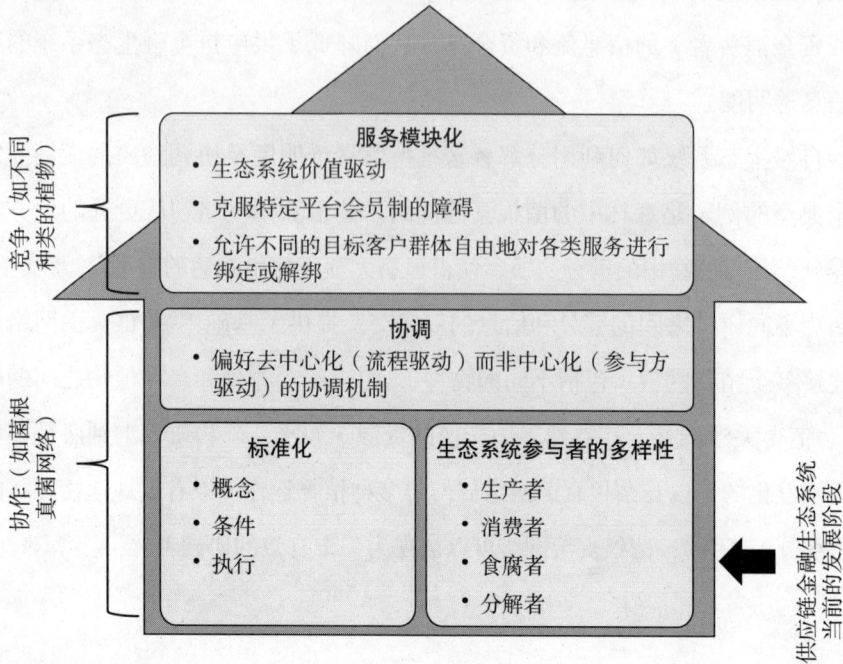

图 11.2　进一步推进供应链金融生态系统发展的核心原则

这项研究将为供应链金融生态系统提供一个新的视角，更类似于开源软件社区和森林生态系统的组织方式。从这个视角来看，合作的内涵大大延伸，涵盖了生态系统是如何协调的。乔治·冯·克罗格（Georg von Krogh）、塞巴斯蒂安·斯佩思（Sebastian Spaeth）和卡里姆·拉卡尼（Karim Lakhani）对开源软件的现象定义如下："开源软件的诞生催生了一种非竞争性的公共产品，即软件使用者的效用是独立的、非排他性的，即任何个人或机构都不可能拒绝使用它。"换句话说，开源软件的成功在很大程度上依赖于围绕公认标准的合作。因此，开源软件反映了一种分散的、由过程驱动的生态系统协调模式。有趣的是，尽管大多数的开源软件都是免费的，但其生态系统仍然为商业化企业留下了发展和竞争的空间，因为这些企业可以提供定制化的增值服务来满足不同用户群体的不同需求。以开源软件为基础的一个成功案例是红帽（Red Hat），这是一家年营收 24 亿美元、市值约 290 亿美元的上市公司。同一领域的其他公司还包括 Canonical 和 SuSe。

换句话说，供应链金融生态系统需要一套通用的规则，一个由所有相关方共享和改进的操作系统，以及在此基础上可以提供增值服务的模块。竞争应该聚焦于哪些服务能够为特定团体的特定用例增加最多的价值，而不是聚焦于哪个团体能够通过控制生态系统以获得最多的经济收益。虽然实现这一转变很不容易，而且需要所有供应链金融生态系统参与者的支持，但合作的价值不可低估。正如奥地利经济学家路德维希·冯·米塞斯（Ludwig von Mises）所说："社会合作的生产力在各个方面都超过了孤立个体的生产力的总和。"接下来的几节将详细地讨论每个原则。

标准化和生态系统参与者的多样性

在图 11.2 中，有两个原则构成了供应链金融生态系统中有效合作的基础——标准化和生态系统参与者的多样性，两者是相辅相成的。一方面，我们需要标准化来促进生态系统中的参与者之间的交流，以便所有人都能理解、同意并遵循相同的规则。另一方面，只有生态系统中存在各种类型的参与者，才有利于信息在不同参与者之间的高效流动。其中，标准化可以被进一步区分为如下几种。

- 概念标准化——统一的定义和术语。供应链金融仍然缺乏一个统一的定义，目前其在实践和学术环境中都存在多种定义。正如马丁和霍夫曼所强调的，如果供应商使用不同的术语来描述相似的产品，那么客户将很难理解和比较产品。

- 条件标准化——产品有统一的风险和财务参数，而且可以由客户评估。除了术语，供应商还应该就哪些参数与供应链金融产品相关以及如何度量这些参数达成一致，以便使客户更好地理解和比较不同的产品。

- 执行标准化——各方在交换数据时要遵循统一的规则，在供应链金融生命周期中使用这些数据的流程也要统一。到目前为止，已经有证据表明专有系统、数据格式和贸易中常见的纸质文件是难以克服的障碍。虽然有些缺口可以由充当中介的参与者来填补（即"分解者"将数据分解并重新配置，以便于不同的参与者理解），但各方必须就最低操作标准达成一致，以释放目前尚未开发的潜力，即企业无法获得有吸引力的供应链金融产品，而供应商无法在可接受的风险水平内有效地部署资金。

正如前文所述，如果定制化解决方案是通过锁定客户来保证收入，而不是笼统地承诺扩大未来市场，那么供应商目前可能没有动力投资于标准化。当前信息透明度的缺乏可能掩盖了碎片化和"锁定效应"对客户（尤其是供应商）的真实影响，使得它们不会要求改变服务。此外，监管框架中缺乏标准所带来的复杂性可能会进一步加强供应商开始在标准化方面进行协作的趋势。这也是为什么各国政府和诸如 ICC 这样的组织能够在促进有关标准化的讨论方面发挥重要作用。这些发现引出了第一个命题。

命题 1：为了进一步发展供应链金融生态系统，将概念、条件和执行标准化是有必要的。

未来关于这个领域的研究可以关注实现三个类别（概念、条件、执行）的标准化的推动因素和障碍。此外，执行的标准化与卡尼亚托等人强调的数字化主题密切相关。

　　建立了标准之后，下一步是确保供应链金融生态系统的参与者具有足够的多样性。由于大多数供应商目前都在运营专有的封闭平台，导致当前的供应链金融生态系统缺乏这种多样性。生物多样性是自然生态系统研究的一个重要因素，而在自然界中食腐者和分解者占主导地位。食腐者和分解者利用标准化来确保信息在生态系统参与者之间不受阻碍地流动。鉴于供应链金融方案往往跨越多个国家和监管框架，很有可能随着时间的推移出现不止一套标准。在这个方面，充当食腐者和分解者角色的中介方可以在帮助弥合差异及连接全球供应链金融生态系统的不同部分方面做出贡献。食腐者和分解者可以发挥的另一个作用是帮助客户寻找资金，获得更多关于不同产品的透明信息，从而促进决策过程。这就引出了第二个命题。

　　命题 2：进一步发展供应链金融生态系统需要更多样化的参与者，特别是促进信息和资金流动的中介方（充当食腐者和分解者）。

　　未来的研究可以更详细地描绘和研究当前供应链金融生态系统的参与者，以发现研究的不足与机会。此外，未来的研究还可以着眼于引入食腐者和分解者将如何影响各方之间现有的动态关系，尤其是在"锁定效应"方面。可以说，每个生态系统都有其参与者的均衡分布方式。例如，在自然生态系统中，消费者占比较低。那么，问题在于，一个平衡的供应链金融生态系统的参与者的分布比例应该是什么样的呢?

协调

　　协调与标准化和生态系统参与者的多样性一起形成了图 11.2 中的合作层。一个有效的合作层是生态系统的操作系统，在这个操作系统中可以产生价值竞争。对于协调，未来研究的一个重要问题是供应链金融生态系统中的协调应如何设计。正如摩尔在商业生态系统的背景下所说的："苹果、IBM、福特、沃尔玛和默克（Merck）一直是或仍然是各自的商业生态系统中的领导者。虽然商业生态系统的中心可能会随着时间的推移而改变，但领导者的角色是受到商业生态系统中的其他成员重视的。这样的领导力使得生态系统的所有成员都能够为一个共同的未来投资，而在这个未来中，它们有望共同获利。"这类似于一个集中式协调的视角。本研究表明，对供应链金融生态系统的集中式协调无助于解决当前的碎片化和"锁定效应"问题，这可能只会导致更大的市场份额被几家相互竞争的老牌公司所垄断。

相比之下，在自然界中，并不一定存在单个或少数几个领导者。相反，以菌根真菌网络为例，我们可以认为它是基于分散化的协调来运行的。在商业生态系统中，前面提到的开源软件就是一个典型的例子，任何人都可以在约定的许可条款内访问、使用、修改和共享开源软件。由个人及商业和非商业组织组成的社区共同确保生态系统的运行。这就引出了第三个命题。

命题 3：为了进一步发展供应链金融生态系统，需要建立一个由过程驱动并建立在既定标准之上的分散化的协调机制。

因此，就开源软件而言，适当的标准和结构有助于生态系统的维持与发展。这种结构的一个例子是 Mozilla 基金会发布的宣言，火狐（Firefox）浏览器的开发就是在此宣言下进行的。Mozilla 宣言的第 9 条原则写道："互联网的发展给商业带来了很多好处，商业利润和公共利益之间的平衡至关重要"。

服务模块化

以上引用的 Mozilla 宣言中的第 9 条原则强调了图 11.2 中的合作和竞争之间的相互作用。合作是竞争的基础。理想情况下，竞争应该由客户价值最大化来驱动，而不是向锁定的客户进行最大程度的交叉销售。在信息透明的市场中，客户应该可以自由选择最适合它们的服务。尼恩惠斯、科尔泰和莱克拉玛首次对这样的一个供应链金融生态系统提出了设想，即采用"四角实时融资模型"（4-corner Model for Real-Time Financing）的形式。他们将这个模型的目标定义为"建立一个网络，在这个网络中，贷款人之间可以交换高质量的信用风险信息（如发票状态信息），使得他们能够提供更有吸引力、更简单的融资建议"。他们还认为，在这个网络中，供应商可以自由地选择金融服务提供商，金融服务提供商也可以自由地选择供应商，从而克服会员制平台的障碍。这就引出了第四个命题。

命题 4：为了进一步发展供应链金融生态系统，提供更模块化的产品、允许不受限制的服务选择是必要的。

结论

本章探讨了当前供应链金融生态系统碎片化的问题。供应链金融的发展受到了碎片化问题的限制。相比之下，在本章讨论的自然生态系统和商业生态系统中，这种碎片化问题已经得到解决。在自然环境中，本章所选择的例子是森林中的菌根真菌网络。在商业背景下，典型的例子是开源软件生态系统。本章提出的命题都基于这样一个前提：大自然能够展现各种有利于供应链金融生态系统进一步发展的前提条件和机制。前面阐述的四个命题都凸显了未来研究的潜力。例如，本章所强调的分散化协调机制将是未来研究中一个特别有趣的主题，包括我们需要建立哪些基础设施和设定什么样的流程等。自然生态系统（尤其是森林中的菌根真菌网络）和开源软件的商业生态系统都值得我们做进一步研究。本研究的下一阶段将是进一步证实所提出的命题。我们希望从对自然生态系统的探索中汲取灵感，在研究和实践中能够有所贡献，将合作与竞争的元素结合起来，带领目前支离破碎的供应链金融生态系统发展为一个更成熟的生态系统。

第 12 章

区块链驱动供应链的基本前提和价值驱动因素：贸易融资的经验

埃里克·霍夫曼（Erik Hofmann）

埃里克·霍夫曼是德国达姆施塔特工业大学的博士、供应链管理研究所所长，瑞士圣加仑大学的高级讲师。他是瑞士邮政供应链金融实验室的负责人。他的主要研究方向是供应管理及运营管理与财务问题的交叉领域。他在多个运营管理期刊上发表过文章。他还是几本获奖图书的合著者，如《供应链金融解决方案》（*Supply Chain Finance Solutions*）、《跳出营运资本陷阱》（*Way out of the Working Capital Trap*）和《端到端供应链采购和融资中的绩效衡量与激励系统》（*Performance Measurement and Incentive Systems in Purchasing and Financing the End-to-End Supply Chain*）等。

罗杰·海内斯（Roger Heines）

· ·

　　罗杰·海内斯拥有工业工程硕士学位，并且是国际咨询公司的战略和运营实践顾问。在多特蒙德工业大学和圣加仑大学学习期间，他专门研究制造、工厂规划、供应链工程和供应链金融等领域。他在物流服务提供商、一线汽车供应商和工业服务公司等国际企业中积累了丰富的工作经验。他的研究重点是横跨端到端价值链的运营优化及分布式账本技术的实际应用。

雅克普·奥姆兰（Yaghoob Omran）

· ·

　　雅克普·奥姆兰是弗劳恩霍夫物流研究院采购与财务系的助理研究员。他目前的研究兴趣是供应链金融和数字化（区块链技术和智能合约）。他正在参与一个欧洲联合项目，为物流服务提供商开发供应链金融解决方案。他还曾在荷兰赫兹应用科技大学担任供应链管理讲师。此外，他参与了许多供应链管理项目，这些项目广泛地涵盖了物流和供应链领域，并侧重于研究理论与实践之间的相互联系。

* * *

　　最近对区块链技术及其能力的宣传促使人们重新对金融领域的现有结构进行考虑。随着对高效交易处理、交互和自动化的关注增多，分布式账本的基本概念也显示出其在更广泛的领域内应用的可行性。基于这个原因，本章的目的是通过仔细研究潜在的实例和现有的应用，特别是供应链运营和贸易融资，对区块链驱动的供应链技术进行评估。以数字化规模整合所有相关的数据流，不仅可以显著增强交易流程的功能性，而且可以通过消除冗余来改善监管控制。一个数字化的、自主的、分散的、分布式的网络将适用于无数的服务。贸易融资的初始概念为缩小供应链管理中的模糊假设与实际贡献之间的差距提供了基础。

＊　＊　＊

引言

在全球化经营、生产外包和低成本经济体采购的时代，供应链在多变的商业环境中已变成了更加复杂的供应网络。在过去，供应链管理的首要目标是成本最小化，而如今供应链管理的重点是弹性与协作。数字平台通过虚拟市场的形式为供需双方创造价值以应对这些挑战。困难之处在于供应商与消费者之间的简化办法，采用这种方法时往往需要额外的资源来保障、监测和执行物流交易。

整个端到端供应链上对商品的有效跟踪及金融资产的交易，在很大程度上取决于信息的处理方式及供应链参与者所采用的技术。因此，许多数字商业模式都是围绕着如何有效提升协调这类交易的能力而建立的。许多第三方平台开始提供一些能够节省成本、促进数据传输和捆绑营销活动的服务。在市场不对称方面，服务提供商也能解决由逆向选择、道德风险和执行违约引起的问题。此外，它们能在必要时确保交易的流动性，或促进市场出清。然而，由于信息流、资金流和物流被视为分离的元素，这类第三方平台之间的交互往往会导致二元关系的集中。供应链每增加一个阶段，其复杂性和运营难度都会增加。为了提高生产力、一体化程度和竞争力，我们有必要在实践中应用不断进化的先进 IT。供应链合作伙伴通过实现商品、信息和资金流动的一致性而获益，以改善价值链整体表现、增强稳定性和增加盈余。

区块链技术及其去中心化的能力已经引起了人们对金融领域现有结构的重新思考。由于区块链的出现，参与者不再依赖于可信的中央权威机构来验证交易的执行。基于分布式账本的直接交互、分散处理和自动化技术也在更广泛的领域展现了潜力。虽然供应链管理和供应链金融已经提供了许多实用工具来进行集成协调和控制，但区块链技术对新业务解决方案的开发和部署具有颠覆性的潜力。基于区块链技术优于传统 IT 平台的假设，流程（物流、信息流和资金流）可以在数字化规模上进行有效的简化，从而促进业务优化和创新应用的实现。本章的目的在于研究、分析和评估由区块链驱动的解决方案及其在供应链管理和供应链金融领域的应用。为了说明这一技术如何影响现有的结构、关系和程序，我们研究了两个案例，一个关注的是具体的贸易融资，另一个是从总体上对概念性的区块链技术进行应用分析。

本章其余内容简要介绍如下。第 2 节通过概述区块链技术最重要的方面及其基本前提介绍了理论背景。第 3 节分析由区块链驱动的供应链的潜力（包括两个案例），并以通用区块链技术应用的文献综述为基础提出了另一个知识体系。第 4 节展示了技术如何转变特定的结构，我们可以借此理解其独特的价值主张。这不仅有助于增强采用者的信心，还为提出进一步的解决方案提供了基础。第 5 节的内容是结论与展望。

区块链驱动供应链的基本前提

物流管理的主要目标是在正确的时间，以适当的成本，将正确的产品运输到正确的地点。这种方法已经扩展到了从供应源点到消费点之间的跨公司级别，目的是在实现成本最小化的同时实现顾客价值最大化。因此，供应链管理作为一个应用更广泛的术语，在当今的企业界和学术界都是一门成熟的学科。事实上，许多企业已经认识到改善物流、信息流和资金流的必要性。在所有供应链参与者之间进行有效的资产配置和营运资本管理将会改善供应链的整体绩效并降低财务风险。针对这些好处，供应链金融提供了许多创新的金融服务和工具。在需要更高效率的地方，企业将高度依赖技术来协调产品的复杂性、细分客户、预测或进行网络设计。作为竞争优势的决定性因素，企业必须通过识别和采用新出现的技术来重新考虑其现有的商业模式。接下来，我们将更深入地研究供应链中的数字化，并识别那些突显供应链管理与区块链之间的潜在交叉领域的研究问题。

供应链的数字化

近年来，供应链的数字化受到了广泛的关注。随着人们对集成概念的认识逐渐深入，许多企业启动了组织结构转型。要想开发一个透明、协作性高和响应性强的供应商网络，一个先决条件是将企业的业务流程数字化，以便依靠数据为执行和决策提供支持。因此，进行整体数字化转型所需付出的努力、成本及其复杂性往往被低估。大多数供应链都起源于传统的 SCORM 中的基本流程。因为运营计划及采购、制造、交付、退货等活动，所有相关的参与者（如供应商、制造商和分销商）在横向和纵向上都存在相互联系。由于复杂性和投资关系的存在，大多数二元关系建立了起来。因此，端到端的供应链仍存在视角有限、信息延迟及计划周期低效等问题。随着运营活动对技术方面的要求不断提高，我们应考虑一些其他方法。

正如迈克尔·伯克特（Michael Burkett）和约翰·约翰逊（John Johnson）及鲍里斯·奥托（Boris Otto）和休伯特·斯特勒（Hubert Österle）所提出的，由数据驱动的商业模式将快速驱动供应链，使其能够基于先进算法实现更高效的运营。实时数据的集成使进一步实现完全自主的供应链，即无须人工干预即可运行的供应链成为可能。数字化流程大大缩短了交货期，并降低了运输和库存的总成本。由于信息的不断交换，供应链的敏捷性和弹性也将进一步提高。决策制定和流程自动化方面的这一重大转变对现有的组织结构具有根本性的影响。根据最近的技术发展，数字化平台代表着集成的下一阶段，这种算法业务是基于数字化平台的。输入数据（例如，由物理设备网络中的传感器生成的数据）允许人们对敏感信息进行追踪，以预测运输过程中的变化。物联网已经落地的领域在信息通信技术（Information and Communications Technology，ICT）、数据安全和数据处理等方面的技术需求很可能会呈指数级增长。

近年来，数字化和互联互通的需求迫使企业对其商业模式进行调整。供应链实践者应该考虑这些影响并提高相关的能力。长期目标是实现供应链端到端的数字化，以及基本业务流程、风险和资金流的数字化。在此基础上，人们有必要改变孤立的观点。为了应对这些挑战，独立的企业需要相互协调和协作，以创建整体的、数字化的供应链。

当今的数据流仍然是孤岛式且不透明的。因此，区块链技术可以通过支持组织内及组织之间的数据传输来发挥中心的作用。它可以处理内部业务流程（如工作流程的简化和自动化）并优化供应链合作伙伴之间的信息交换。

当信息流仅由集中化的记录和闭环组成时，区块链将传统的结构转变为分散的信息流模型。一旦连接，它就可以在点对点的数据结构的基础上实现完全的集成。通过对供应商、分销商、制造商或客户进行无缝连接，它可以为任何类型的操作创建一个高级的、由数据驱动的中枢。

区块链主要在金融领域得到了发展和应用。其中一个潜在的应用就是智能合约，它提高了贸易、结算和国际支付的效率，并增强了安全性。虽然这种颠覆性创新的概念已经传播到了其他行业，但它可否被采用取决于其独立的市场潜力。它在物流行业创造的交易额已经达到 9 810 亿欧元。它的特点是多主体网络和在合作伙伴之间存在大量的交易，区块链之类的可替代的ICT 结构被认为非常有吸引力并具有潜在市场。许多较小的研究项目也反映了这种潜力。为了解释为什么该技术可能与供应链相关，我们从 IT 系统的角度介绍了两个应用场景，如图 12.1 所示。

图 12.1 将去中心化的区块链基础设施与传统的二元关系数据交换进行了对比，并简化了物流交易中的信息流。供应链合作伙伴之间不同操作的状态通过计算机文件进行创建、读取、更新或删除。虽然关注的重点是决策、计划、订货和确认，但区块链确保了在全周期内所有相关数据的及时、准确记录和不可变更。这是因为，所有分散的供应链节点在分布式账本中能够持续同步，为所有利益相关者提供一致和共享的信息来源。相反，传统的企业解决方案则是以集中和孤立的方式对数据进行存储。这不仅会导致单个节点容易出现故障和被篡改，还会导致信息不对称。区块链应用允许供应链向数据驱动型的运营方式转变，并将所有参与主体和客体都整合到一个平台上。这种结构的特点是可获得端到端的信息并进行实时数据交换。由于视角有限及交易的延迟（在传统的供应链上会缓慢传播），可见性和通信能力将得到显著改善。此外，它发展了供应链成员之间的信任，以维持内在的供应链价

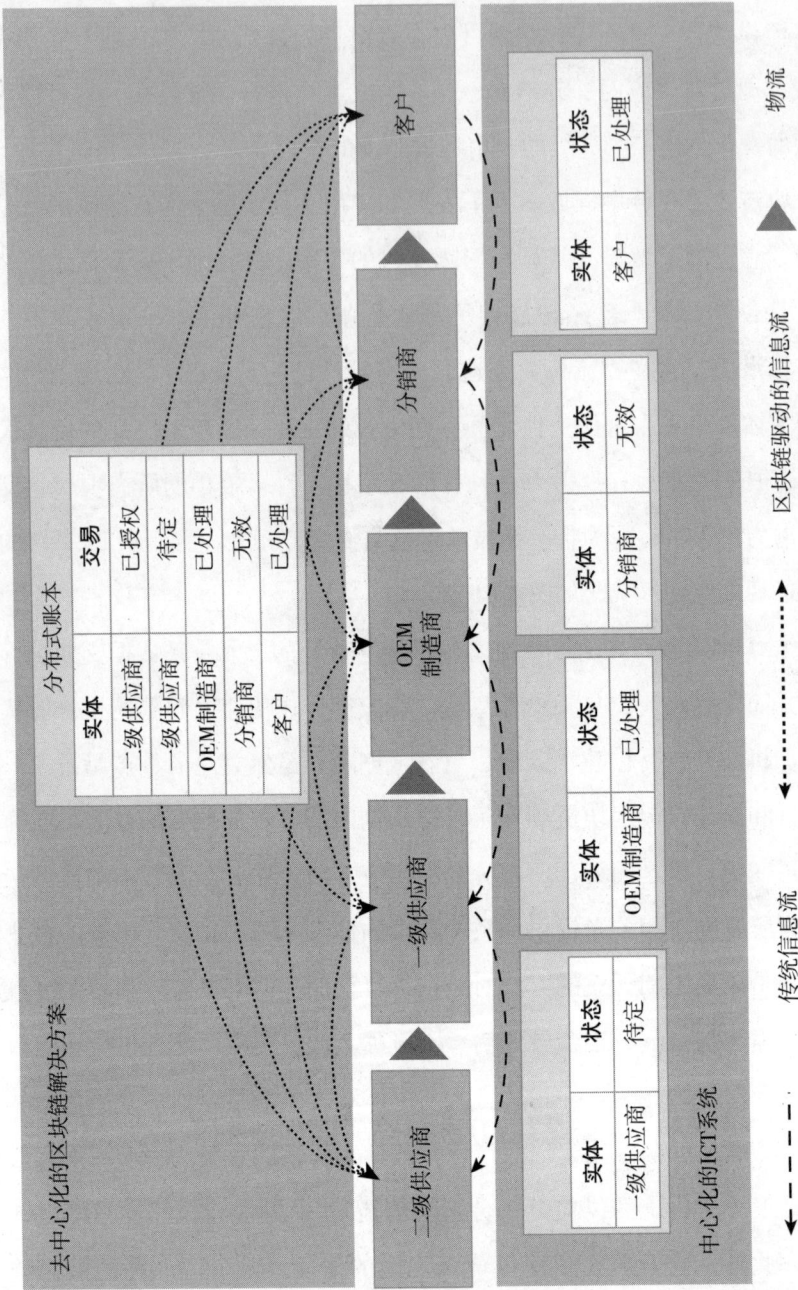

图 12.1 集成的区块链生态系统和传统的 ICT 架构

值。在用一个分散的数据库维护所有相关事务的情况下，所有供应链合作伙伴都可以利用数据源来立即评估和识别需求的变化。

由于在计划和执行层面上可以实现实时响应，因此所有层级的供应商及参与主体的总弹性和响应能力可实现最大化。根据哈尔·福伊希特万格（Hal Feuchtwanger）的研究，我们还从从业者的角度，对区块链技术赋能的供应链可实现的收益做了如下分类。

- 通过可见的文档和事务记录、不可变更的数据及数字化的合同关系，增强合规性和准确性。
- 通过优化产品透明度、原产地和欺诈检测，增强消费的安全性并使消费者对产品建立信任。
- 实时数据及基于平等参与主体之间可共享、可扩展的数据的运营活动。
- 通过改善协作和共享经济的新商业模式，实现资产、基础设施和人力资源的共享和数字化。
- 通过使交换和担保变得更加便利和轻松，改善资金流的变现能力及资本绩效。

可以看出，区块链技术在物流和供应链管理的不同领域已经带来明显的商业利益。一旦其能够对单个解决方案的权衡和价值进行量化，则很可能在实践中得到广泛应用。与传统的 IT 架构相比，区块链显示出了独特的优势，而且能比简单的电子数据交换（Electronic Data Interchange，EDI）提供更多的价值。我们认为，区块链技术也将在增强互联性方面发挥关键作用。越来越多的传感器用于增强运输过程的透明度和可追踪性，而这仅仅是物联网这个统一连续体早期阶段的表现。作为可扩展的交易层，区块链能使高级供应链系统具备一个数字化的骨干。所以，这不仅关乎能否提升效率，还关乎是否有机会创造新的颠覆性商业模式。因为这个原因，对区块链的评估和分析应该超越简化的业务流程，而且应该在全球和整体范围内进行。

分布式账本是区块链技术的构成特征

为了探索区块链技术实现物流、资金流和信息流同步的潜力，我们通过辅助性分析对其可用性进行了系统的识别和评估。接下来，我们将进一步研究区块链的底层逻辑——分布式账本。分布式账本是以其基本功能命名的，它代表一种能够列出单个交易并永久汇总货币余额的日记账。

区块链技术蕴藏的潜力远远超出了其目前对 Fintech 的贡献，因此分布式账本的基本功能和效果仍不清楚。从中立的观点来看，困难在于如何确定作用范围，这阻碍了对跨学科方法和其他行业实践的深入研究。理论基础还有待确定，因为相关理论尚未形成。无论是区块链、共享账本还是分布式网络，这些不同的术语在讨论中常常是同义词，并用来解释相同的技术概念，这表明这个新领域在本质上还是模糊的。因此，我们提出并讨论了四个基本前提以定义其基础概念。目前关于分布式账本的知识起源于计算机科学，并且高度依赖于技术因素。为了解决供应链管理和供应链金融的相关问题，我们采用了基于系统理论背景的网络视角进行分析。在此，分布式账本被称为具有特定特征的物理或数字记录。

基本前提1：分布式账本是一种数字通信结构

账本自古以来就在商业中用于记录资产和财产的转移。账本由簿记员保管，他们负责记录各种事务。登记处经常处理有关购买、收款和付款的报表，而且它还与某一特定目标、参与者或组织有关。分布式账本将这些操作数字化，并提供了实现这一目标的基本功能。在实时信息处理对普通员工来说已经足够的情况下，高管们更重视复杂的决策支持。决策过程通常依赖于计算密集型系统和各种数据来源。依赖程度越高，对合适的信息基础的要求就越高。分布式账本由节点和区块链本身表示，具有可扩展性和透明性，可以将不同的利益相关者聚集在一起。它建立在开放和动态的 ICT 环境中的公共资源之上。因此，一个数字化的通信基础设施得以建立，它能够以可扩展的规模覆盖组织的所有阶段。

基本前提 2：分布式账本是一台信任机器

传统的簿记和会计信息系统采取的是集中式运作，而区块链技术的创新共识算法首次实现了协同创造。信任机器代表了所谓的"价值互联网"缺失的一环。基于区块链技术，会计信息系统可以在不需要第三方的情况下在去中心化网络的参与者之间建立信任。相反，传统的交易通常是中心化的，并通过一个额外的实体进行控制。信任机器可将其内容复制到数千个节点上，而不是由一个授权的账本来保存证据。只要系统状态是由其确定性共识所确保的，信任就会从中心点转移到多个副本。如果不再需要中央验证，就会带来数字化的范式转变，无尽的机会随时可能出现。分散的、按时间顺序存储并加密的分布式账本的任何类型的值都将以正确的数字形式表达出来。

基本前提 3：分布式账本是一种去中心化的控制体系结构

根据史蒂文·阿尔特（Steven Alter）的研究，分布式账本本身及其分布式对等物可以被定义为一个工作系统的实体结构，其中的所有流程和活动都致力于处理信息。在组织理论中，这些实体被进一步描述为子系统，它们在价值流中完成并发起任务。这些流程和活动涵盖了涉及正式工作流和高度专业化操作的所有交互。根据工作系统内的参与因素，分布式账本以节点或对等节点的形式在具有同等权限的参与者之间发挥共享计算机制的作用。个体参与者无论是通过使用服务还是通过间接地对系统做出贡献的方式达成共识，计算总是依赖于点对点网络。在中心化的处理方式下，只有一个版本的系统真相是可被访问的。在这种情况下，需要一个完全可信且具备完整性的实体来管理工作系统。分布式账本代表了数字环境中的自动化解决方案，它可以部署更强大、更稳健的身份验证管理工具。基于简单的单一关系的开放体系结构支持对数据的立即访问，因为它支持在参与主体之间直接同步，并支持通过完全去中心化将信任转化为确定性。

基本前提4：分布式账本代表了一种复杂的自适应网络

在运营网络中，各种系统由多个互动的主体构成，以执行单一系统无法完成的任务。当组织转向更小的分散生产单元时，网络模型将被采用并被嵌入更大的生态系统中。价值链中的单个节点与其他公司共享共同的价值主张。因此，它们创建了整体价值网，以协作的方式将产品交付给共享的客户群。通过分布式账本对离散节点进行连接，将为现实生活中的许多系统提供了一个强大的可用于建模、描述和分析的结构。由于物理实体具有一定的适应性，因此可通过动态交互的形式增加复杂性。作为一种基于分布式计算和智能合约的完全自主执行结构，该方法为多层账本之间的互联提供了自相似性和可扩展性。

区块链技术案例分析

根据谷歌趋势的数据，人们对"区块链"和"比特币"这两个关键词的搜索量在 2017 年一年内就增长了 10 倍。这种不断增长的关注体现在众多初创企业、公司和有关部门身上，它们发现了区块链及其在不同领域和部门的功能，涵盖了从医疗保健、能源分发和所有权到可追溯性及物流等各个方面。大型技术公司（如微软和 IBM）已经以新的 Baas 平台的形式将该技术集成到它们的产品组合中。本节旨在对供应链金融中具有实践价值的案例的现状进行分析，特别是贸易融资方面（案例 1）和供应链运营方面（案例 2），以完善分布式账本的现有理论基础。

应用方法

在对一般的区块链案例和应用的简要的文献综述中，我们明确了转型的潜力，并意识到了能够驱动区块链应用的相关领域。所有的发现都基于学者从 2017 年 6 月开始的为期几个月的研究。鉴于这个主题的新颖性，得到认可的主要是二手数据、白皮书、文献及网站。一方面，一些配置文件都建立在那些仅描述解决方案设计的概念性文章上；另一方面，现实中的实际应用已经在使用过程中进行了评估。然而，大多数案例仍在不断发展。根据这些标准，我们研究了区块链的部署案例，这些案例体现了多个领域中最有前途、最重要的方法。从流程的角度看，值得一提的是，区块链技术与现有的 ICT 工具或物联网应用之间存在竞争。因此，我们分析的重点是独特的主张，而不是比较技术之间的差异。我们假定，无数的潜在案例都是为了在更广阔的战略领域解决某个特定范围的问题。

为了系统地分析不同的应用，我们在分析中纳入了以下要素。

- 对涉及的关键利益相关者和受影响者进行分类说明。
- 对商业案例和主题进行简短描述和总结。

- 在成功部署后总结相关成果，并从流程的角度解决所选职能和工作流的痛点。
- 对商业模式和解决方案的复杂性进行评估。
- 对那些受影响最大的业务流程（影响是否采用的决定性因素）的属性进行说明。
- 对现状与区块链技术解决方案进行对比分析，以说明其颠覆性的潜力。
- 对未来应用区块链技术的可能性及其变革能力的潜力进行评估。

在此基础上，本章详细介绍了两个基于区块链的应用的案例。一般来说，开发范围涉及从小型初创企业和领先技术公司的业务解决方案到由编程社区或研究机构引领的开源项目。区块链技术提供了革命性的潜力，它能在分析过程中发现演进、发展的机会。到目前为止，我们已经明确地发现了区块链技术的一些特征。除了上述四个基本前提，我们还提出了如下的假设和预期。

- 不可篡改性是区块链的一个特性，它确保了数据集的完整性，并确保交易一旦创建便不可被更改。我们假设这些功能是通过区块链本身的结构实现的，如所有权和数字化身份。
- 可扩展性将得到落实，以实现处理大量交易所需的可及性与数据通信。
- 分布式计算有望支持并促进基于复制数据源的自治。
- 供应链中存在信息不对称，利益相关者之间缺乏信息共享。

为了获得更深入的见解，对支持区块链技术获得实际应用的关键价值驱动因素进行强调是至关重要的。我们根据行业吸引力和行业机会对研究结果进行了系统的评价。其目标是对每个应用在业务流程层面和利益相关者层面所产生的影响进行区分。

案例 1

基于区块链的贸易融资

银行的交易和支付系统经常存在一些一维场景，财务关系也可以在由额外参与者、流程和参与主体构成的供应网络中进行转移。在这个互联的网络中，几乎遍布全球的复杂连接被动态地创建、处理及改造。除了国际货物运输，资金流动尤其可以从标准化的基于区块链的财务运营网络中受益，并通过先进技术简化供应链金融中的活动。

尽管存在固有的全球结构，基于区块链的平台仍能使银行受益于风险缓解和更有效的融资。由于贸易融资是后续的过程，而且这些过程往往依赖于个体经营者维护的账本，因此区块链能够在监管控制、合规操作以及端到端的价值链运营方面显著地节约成本。因此，区块链的应用将被置于所涉及的融资机构和企业的现有 ICT 基础设施之上。虽然实物货币仍由银行保管，但用于交换的数字化资产已被合并纳入总账。

私有区块链运用共识算法，以加密的方式在预定义的时间点对已执行的交易进行密封。在一个封闭的系统中，各方可以通过建立自己的节点来参与协商过程。但是，要想加入网络，首先需要获得许可。除了金钱上的激励，获得有效和安全的贸易融资解决方案还会带来以下好处。

- 协议的透明度：共享文档提供了一个防篡改的视图。
- 互操作性：集中的数据总账之间的接口被删除。
- 重写法律指南：智能合约可被编程以供第三方访问。
- 实时处理：实时审批和检查缩短了发货时间。
- 降低风险：提单的不可变更性消除了重复支出的风险（用同一张发票从多家融资机构获得融资）。
- 合同确认：若满足条件，则无须人工干预即可进行更新和更改。

- 保险：数字流程标准不允许人为错误或操纵。
- 自动结算：智能合约可以降低费用并支持去中心化。
- 对等交互：不需要可信中介（代理行）参与。
- 减少欺诈：一旦所有权被封存在区块链中，所有权就得到了保证。

基于分布式账本的理论基础，该应用集成了孤立的数据集，并将参与者之间的二元关系替换为一个通用的、完全互联的系统。它允许以交易的形式进行数字通信，以支持决策制定和信任机器发起的行动。此外，基本前提 3 解释了区块链技术如何解决效率问题。按照世界经济论坛和扬·范·鲁彦（Jan van Rooyen）的相关研究，图 12.2 形象地描述了这个系统。分散控制

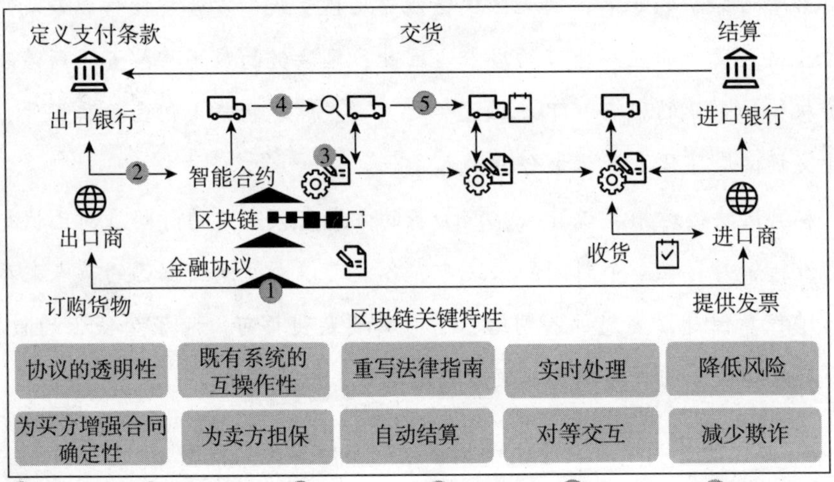

1 不再手工创建合同，金融协议被数字化，并基于智能合约实现共享

2 如果满足条件，银行可以实时访问智能合约并自动生成交易条款

3 省略第三方核验（如融资、发票保理），一旦批准，合同就更新以涵盖所有的条款和条件

4 公司签署信用证以启动发货；现在只需要一个数字签名就可以同步位于不同国家的平台

5 商品由当地海关检验，任何变更都存储在去中心化的区块链中

6 在收货过程中自动触发付款

图 12.2　区块链在贸易融资中的应用潜力

确保了一旦系统的契约条件得到满足，系统将自动执行。虽然呈现出来的能力尚不适用，但这些贸易融资结构显示了与复杂的自适应网络的相似性。

国际贸易需要通过可信的中介机构在进口商和出口商之间进行风险转移。通过在区块链上记录交易并将其复制到分布式账本上，参与者可以创建一个防止篡改的环境，并在未知参与者之间建立直接信任。

案例 2

基于区块链的供应链运营

虽然区块链技术的颠覆性潜力已在金融部门得到广泛认可，但同类技术也可应用于其他许多具有高交易量、参与代理商众多等特征的行业。尽管采用区块链技术的结果与贸易融资案例有相似之处，但重要的是确定如何在现有的商业模式中应用该技术。多级供应链的复杂性体现在货物运输过程中存在不同的信息流。虽然区块链技术有潜力实现一种集成方法，但其重点在于改进运营，而不是优化资金流。

在买方－供应商关系中，信息通过 EDI 和高度个性化的接口进行传递。因此，多种数据类型在各种集成的 IT 系统中进行操作，从而创建了一个不透明、昂贵、对错误敏感且缺乏端到端可见性的结构。区块链技术通过为所有与供应链相关的活动建立一个分布式的数据库来改善信息流。从生产原材料开始，生产者就添加一个包含有关所有权状态和其他属性的相关信息的ID。运输过程中的所有更改都被添加到后续的数据区块中，并由焦点企业授权对信息进行访问。相关的代理商以及银行、消费者或中介机构等第三方直接在同一平台上进行交互。即使是传统的 ICT 系统也可以访问基础设施，只要该基础设施是通过网关或轻节点（Light Node）引入区块链的。但是，如果输出数据是在此系统之外处理的，那么将需要一个附加的实体来对交易进行处理和验证。除了消费者选择和消费者保护的范式转变，从供应链的角度来看，区块链被广泛采用的主要驱动因素还有以下几点。

- 可扩展性：参与的供应商越多，吞吐量和容量就越大。
- 降低复杂性：该架构使有效分配和高效交互成为可能。
- 互操作性：它是一个标准化的系统，而不是各种接口和网关。
- 增强权限：对特定数据或写入功能的个性化访问。
- 方便集成：一旦集成，复制的数据有助于验证身份。
- 弹性：在分布式数据库中，不会出现单点故障。
- 自动化智能合约：具备独立调用特别资源的能力。
- 防数据篡改：不可磨灭且不易改变的交易记录。
- 实时可追溯性：数据的即时收集、传播和维护。
- 加强协作：共享数据、改善可见性可以改善伙伴关系。

需要强调的是，基于区块链的供应链解决方案的一个主要驱动因素是通过通信进行交互。它与分散控制相结合，可以在任何时候、在一个非同质的利益相关者结构中达成客观的共识。此外，信任机器是每个区块链技术应用程序的核心，它首先实现了从集中式系统到点对点架构的转换。根据世界经济论坛和范·鲁彦的相关研究，图12.3从流程的角度展示了这些操作。我们预计，供应链在效率最高的阶段将采用复杂的自适应网络结构。

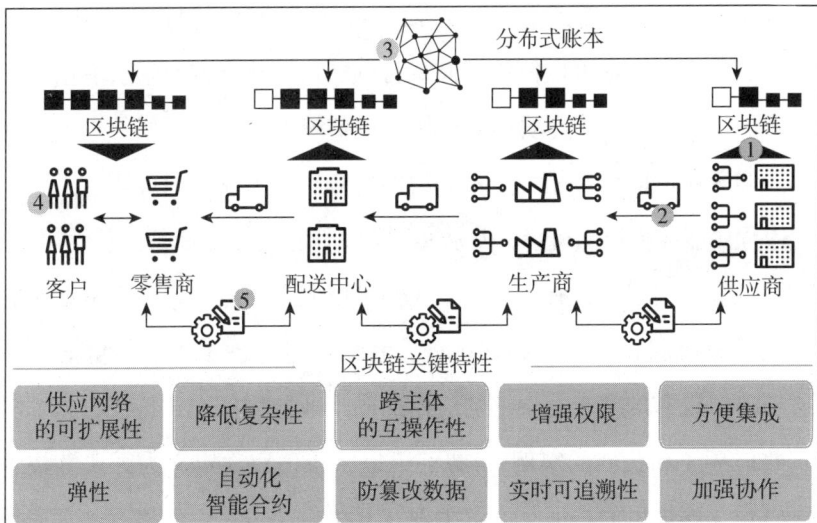

图 12.3　区块链在供应链运营中的应用潜力

基于区块链的供应链的价值驱动因素

现有概念面临的主要挑战源于不理解区块链技术如何传递价值，以及如何解决金融之外的其他行业的现有商业模式的问题。市场调研已经表明，区块链技术是一个广泛的概念，拥有广泛的应用领域，初创企业、开源社区、技术公司和私人组织都可以使用它们特有的区块链解决方案来获取用户。事实上，我们有必要对基于区块链的应用相比传统 ICT 的实际好处进行系统的分析，强调区块链应用对相关技术能力的依赖性。下面的内容侧重于区块链技术应用程序能够提供的机会，并从实践者的角度总结了相关的特性。

尽管可能的实施方式有很多，但我们可以假设不同的解决方案针对的都是更广泛的战略目标。根据归纳推理，我们已经考虑了主要的价值驱动因素，这反映了现有的基于区块链的应用面向产业应用的主要特征。为了深入分析这些应用（和我们的案例），我们可以将价值驱动定义为区块链技术的一个更出众、更详尽的特征，以解决现有 ICT 解决方案中的痛点。它表示的是一个独特的销售主张（Unique Selling Proposition，USP）的具体应用，并有可能在不同的领域得到广泛应用。基于个性化的方法，许多其他案例也得出了非常类似的结果。

我们定义了六个关键价值驱动因素，它们分别是安全验证和受保护的所有权，高效的资源分配、可扩展性和互操作性，去中心化和有效交互，流程和合同关系的可信自动化，透明和实时的信息共享及自治和民主化，下面分别进行详细阐述。

关键价值驱动因素1：安全验证和受保护的所有权

第一个关键价值驱动因素与数字化对象有关，因为数字化对象需要在非可信的虚拟环境中由授权方进行批准和验证。虽然每天都有太字节（Terabute，TB）级别的数据在个人用户和企业服务器之间传输，但无法保持所有权记录都是准确的。虽然安全验证和受保护的所有权并不总是备受重视或必需的，但在交换与业务流程相关的数据时常常是必需的。特别是当用信息流表示真实世界中的资产或者用数据代表数字资产（如在线票证或音乐文件）时，用准确的记录来验证真实性并证明所有权是很重要的。

尽管互联网及其服务和应用程序起源于一个集中式的体系架构，但可信的第三方必须确保当下的数据和流程的完整性。为此，人们通常需要把信息的存储和维护整合起来，因为安全协议和多因素身份认证是以一种严格的多向方式运行的。除了许多流程效率低下，集中式的数据主权也引起了人们的关注。几乎所有已知的区块链应用程序都依赖于一个安全框架来进行验证、保护所有权并保证流程的完整性。虽然关注的焦点和范围可能因个案而异，但以下特征可以归为一组：

- 减少欺诈和操纵行为；
- 降低了交易对手风险，改善了风险转移；
- 可靠的交易和增强的弹性；
- 任何资产的数字化所有权；
- 简化的验证和批准流程；
- 增强信心，重建市场信任；
- 抵抗外部压力和由数据驱动的压力。

由于构建了类似现实世界中的交换模式的虚拟系统，人们产生了对分布式的、不可变更的数据存储方式进行改进的需求。正如前文所述，我们的目标是把任何对象都数字化，并在系统内进行转移以保证安全可靠。每个人都承认转移已经发生，也没有人质疑它的合法性。这种通用概念在有众多参与者和大量交易的情况下显示了巨大的应用潜力。在普遍缺乏公众审核的地方（例如，在欠发达地区）一个安全的环境可以消除腐败。

关键价值驱动因素2：高效的资源分配、可扩展性和互操作性

大多数 ICT 平台的特点是有一个中央数据库。根据这种基础架构，单个实体和组织通常依赖于它们自己的企业资源计划系统、库存管理系统或数据库管理系统，这些系统被嵌入高度个性化的生态系统中。虽然我们往往都很重视通过标准化的 EDI 对参与主体进行集成，但我们仍然对稳健的网络解决方案有明确的需求，以便在全球范围内实现交易匹配、数据交换并建立贸易关系。由数据和代理引起的日益增长的复杂性对提升系统的可扩展性和互操作性提出了挑战。

集成系统需要分配额外的资源，因为交易请求是从发送方间接发送到接收方的。当平台持续发展时，昂贵的升级将是必要的，以防止在某一点受到限制。尽管一些集成方法通过转移所需的资源获得了成功，但是我们预计只有对系统架构范式进行转变才能从根本上解决这些效率低下的问题。通过对案例进行评估，我们识别出了下列不同的特征并将其总结为一个价值驱动因素：

- 数据需求及协议的标准化可以减少错误；

- 便捷的过程及简化的引导程序；

- 全球范围内的无缝集成；

- 接口的整合；

- 通过高效的资源分配降低成本；

- 增强匹配能力；

- 降低复杂性；

- 海量数据的处理及适应动态的能力；

- 加强协作和提高效率。

　　我们的分析显示，数据库应用程序特别依赖于其交易资源的可扩展性。在由设备和硬件作为互动主体的地方，有必要进一步建立标准化的数据协议。作为活动主体，组织和实体的关注重点是互操作性和高效的资源分配。一旦某个平台在全球范围内建立数据协议，我们就可以假定该平台能够迅速获得大规模应用。

关键价值驱动因素3：去中介化和高效交互

　　第三个关键价值驱动因素反映了所有的特性，并解决了现有结构中与系统相关的效率低下的问题。尽管某些方面可能会得到控制，如经济约束，但我们的关注重点还是与数据交换相关的流程。从经济学的角度来看，许多组织依赖于中介机构和第三方。无论它是否涉及资金流或物流，值得肯定的是，公证或认证能够减少成本和时间方面的摩擦。由于去中介化的需求，公证或认证还能通过直接交互提升效率。

　　从技术的角度来看，交互处理的是对等点之间的互联，而不需要使用中心化的实体。因此，网络使平等参与者之间能够有效地交换资源。这一原则同样适用于经济领域，而且第一次有了切实可行的解决方案。除了未知的、颠覆性的潜力，这种范式的转变将使冗余、浪费和错误最小化，并对全过程的质量加以改善。我们研究的案例依赖于这个USP。因此，第三种关键价值驱动因素可用于：

- 消除可信的第三方和中介机构；
- 消除单点故障并减少漏洞；
- 为去中心化应用创造新的金融服务；
- 简化活动及点对点的互动；

- 降低流程成本，缩短交货周期；

- 反映现实世界的分布结构；

- 支持提高性能的分布式处理和计算；

- 实现小额支付的无摩擦交易。

我们假设基于现实世界中的关系的数字化系统具有资源效率更高的流程，并且可以在时间和投入方面展现出更高的有效性。此外，这样的架构能够提供一种颠覆性的潜力，并引起一波创新性的、分散化应用的潮流。

关键价值驱动因素4：流程和合同关系的可信自动化

当手工业务流程可以实现自动化并简化管理、运营与支持性的工作时，就可以实现更高的效率。这些活动通常在信息系统上进行操作并依赖于集成的数据源。因此，实现自动化的一个决定性因素和先决条件就是实现输入数据的数字化。当传统业务解决方案在受保护的服务器上实现事件处理、业务规则及嵌入式业务机制时，其总体效率将得以提高，以满足战略目标和运营目标。为了确保自动执行，流程数据必须是可信的。因此，只要业务流程在本地服务器上执行并保存，它就需要持续进行认证。如果数据是在组织外部进行处理的，它就需要进行身份验证。这除了需要额外的身份验证周期，还需要对相关的活动进行转移，从而带来昂贵的系统升级和更新。本节提出的关键价值驱动因素通过列出基于区块链的解决方案的卓越特性来实现这一复杂而昂贵的方法，如：

- 合同、证书以及业务规则的编码的数字化；

- 通过智能合约减少或消除人工流程；

- 自动访问管理和基于规则的协调；

- 基于灵活的合同关系简化自动化程序（智能合约）；

- 严格执行的分散管理规则和协作标准；

- 通过物理硬件和设备的集成提高自动化程度；

- 允许在现有服务中添加便捷的升级更新。

尽管各个组织（特别是服务提供商）能够从编码化、自动化的契约关系中获益，但并不是每个流程都适合自动化，因为它们具有不一样的灵活性和复杂性。匹配性平台具有参与者多、波动大、活动重复的特点，因此有可能对单个业务流程进行简化和精简。然而，先进算法的集成预示着在不久的将来很多实体将有可能实现完全自动化。

关键价值驱动因素5：透明和实时的信息共享

因为对安全框架有类似的需求，我们应该可以通过现有的系统轻地松访问实时信息。特别是在跨全球的价值链中，许多业务是在不透明的情况下进行的，并具备延迟的特征。供应链中的不同参与主体在规则、流程或责任方面仍然持有孤立的观点。因此，现有的结构会导致运营效率低下、协作受阻，并造成物流瓶颈。除了管理不善，信息不对称也会加强市场地位和垄断。在这种情况下，我们有必要打破界限，提高信息的可见性，并使信息更易于获取。这不仅会促进市场公平，还会增进诚信，从而将故障、误导和挪用的可能性降到最低。从定性分析和运营的视角看，大多数案例都优先考虑数据的实时可访问性和记录的可获得性。根据分布式控制和消除信息不对称的目的，我们详细阐述了运用区块链技术的下列特征：

- 增加信息的可获得性并公平地获取信息；

- 实时数据和最新的信息；

- 根据交易历史改进数据的一致性；

- 通过消除信息不对称，提高市场透明度；

- 个性化的数据访问管理；

- 加强协作；

- 为客户带来透明度。

令人惊讶的是，实时数据的需求被认为是一个重要的缺口，我们需要将此作为区块链技术应用的一个关键特性加以弥补。尽管这种方法与数据的不可变更性紧密相连，但它提供了共享信息的方式，并且所有基于端到端的交易历史的变化都是可见的。然而，人们认为区块链技术代表的是一种替代的ICT结构，也支持政府和非营利组织对公共信息系统进行改造并实现民主化。

关键价值驱动因素6：自治和民主化

最后一个价值驱动力的目标是权利的分散及信息和市场的民主化。个人（如终端消费者或公民）在访问系统和流程时会受到限制，教育和政府的组织结构中也存在障碍。在私营部门内部，公司会利用信息不对称来助长垄断，即使这是不合法的。当集中式管理的用处变成了对权利和信息进行压制时，区块链应用所具备的独有特征就变得很明显了，如：

- 通过减少进入壁垒实现市场民主化；

- 实现分权并消除边界；

- 增进平等主体之间的协作和参与；

- 开源和共享的数据能够实现信息民主化；

- 改善向个人分配治理权的方式可以促进信息获取；

● 增加消费者的选择，保护消费者的隐私。

结论与展望

通过使用区块链等数字技术，物流活动可以日益简化，所有相关合作伙伴都能以透明的方式共享和监控与融资有关的信息，包括最新的发票状态、信用额度审查和支付。新的数字基础设施环境允许所有的参与者轻松地访问实时信息。参与者可以不断地对商品的来源进行数字化监控。这种包容性的基础设施依赖于分布式账本。分布式账本提供所有与供应链相关的信息，并确保数据和信息在全球范围内的真实性和安全性，这大大降低了现有系统的成本和复杂性。

分布式账本的诸多构成特征，通过一个涵盖了从技术发展和转型到各种实际影响的框架，促进了基础 ICT 研究。所以，可以这样说，作为区块链的底层概念，分布式账本代表的是一种数字通信结构、一种在复杂的自适应网络中实现分散控制的信任机器。通过进行文献回顾、市场调研和现状分析，我们已经明确了相关的机会。经过分类和汇总，我们提出了六种可供采用的关键价值驱动因素，包括安全验证和受保护的所有权，有效的资源分配、可扩展性和互操作性，去中心化和有效交互，流程和合同关系的可信自动化，透明和实时的信息共享及自治和民主化。

就结果而言，通过对通用区块链技术的应用进行评估，我们将能够识别现有供应链管理系统的效率低下的问题。此外，现有的挑战（缺乏有效的协作、实时数据及透明度）产生了对供应链完全数字化的需求。新技术必须缩小差距，以便更有效地管理资金流、物流和信息流。本研究根据供应链协作的概念，揭示了区块链技术能够促进合作的独特价值主张。它还促进了相关实践，使供应链参与者可以从六种关键价值驱动因素中获得巨大的利益。然而，我们现阶段的基础工作主要是基于二手资源和对不同价值驱动因素的定性评估。因此，我们需要从技术和定量分析的视角提出更多的关键性问题，包括技术的可行性、集中和分散系统之间的平衡。

因此，区块链技术很可能更适用于响应型多级供应链，其中信息的可信度和可获得性及决策过程的自主性都会节省更多的成本。在垂直集成水平较高、注重效率的稳定供应链中，集中式 ICT 解决方案可能是首选。同样明显的是，到底是选择区块链技术还是传统解决方案在很大程度上取决于单个供应链的构成。我们虽然提出了两个案例，但仍缺乏对其有效性的具体评价。除了理论上的讨论，更实际的研究方法也是必要的。我们可以使用场景分析甚至仿真分析来对分散操作的具体 KPI 进行度量。这将有助于区块链技术的进一步发展，并有利于区块链技术在不久的将来得到广泛应用。

致谢

本研究得到了荷兰科学研究组织的资助。还有很多同事对我们的研究提供了许多专业见解，也许他们并不一定同意本章的解释或者结论，但我们仍然向他们表示感谢。他们是迈克尔·亨克（Michael Henke）、阿克塞尔·舒尔特（Axel Schulte）、菲利普·斯施伦格（Philipp Sprenger），来自德国弗劳恩霍费尔研究院的塔尼亚·布林克（Tanja Brink），来自瑞士圣加仑大学的菲利普·韦策尔（Philipp Wetzel），来自意大利米兰理工大学的弗雷德里克·卡尼亚托、安东内拉·莫雷托（Antonella Moretto）和阿戈斯蒂诺·邦扎尼（Agostino Bonzani），来自英国华威大学的珍妮特·戈德塞尔（Janet Godsell）、多纳托·马西（Donato Masi）和苏梅尔·查库乌（Sumeer Chakuu），以及来自荷兰温德斯海姆应用科学大学的米希尔·史提曼、罗纳德·德·波尔（Ronald de Boer）和卢卡·杰尔索米诺。

SUPPLY CHAIN FINANCE
Risk management, resilience
and supplier management

附录 A 营运资本

营运资本（Working Capital，WC）被定义为流动资产和流动负债之间的差额。营运资本反映的是公司对原材料的支出与向客户收取的货款之间的差额。生产过程、产品销售、应收账款和应付账款都发生在不同的时间点。营运资本会占用现金，即营运资本的增加会产生负的现金流。反之，营运资本的减少会产生正的现金流。营运资本的增加还会给公司带来隐性成本，因为公司无法将这笔资本用于投资或增加原材料供给。银行业对营运资本的类型有更加精细的划分。

净营运资本（Net Working Capital，NWC）衡量的是一个组织在其主要业务中，购买存货（以供销售）及向客户收回应收账款所结转的资金数额。一般来说，如果公司有足够的库存用来满足客户的需求，那么净营运资本越低越好。净营运资本 = 应收账款 – 存货 – 应付账款。

净营运资本 / 销售额（Net Working Capital / Sales）衡量的是产生一个单位的销售额所需要的营运资本的投资水平，它可以衡量营运资本的使用效率。一般来说，如果公司有足够的库存用来满足客户的需求，那么该比率越低越好。对同行业中的公司进行比较时，该比率也是非常有用的。

净营运资本 / 投资额（Net Working Capital / Invested Capital）衡量的是营运资本占投资额的比例。该比例可以衡量营运资本的使用强度和效率，对同行业中的公司进行比较时使用该比例是最有意义的。

加权平均资本成本（Weighted Average Cost of Capital，WACC）是一个常用的术语，用于衡量公司在考虑了债务融资和股权融资的情况下的资本成本。它考虑了公司的份额、债务成本和股东的预期回报。WACC 是公司股东和债权人共同期望的加权平均利息。在考虑了行业、规模等因素的既定风险状况下，公司的流动性越强或营运资本越多，其感知风险就越低，因此其WACC 就越低。

SUPPLY CHAIN FINANCE
Risk management, resilience
and supplier management

附录 B   现金周转周期及其构成

应收账款周转天数（Days Receivables Outstanding，DRO）表示客户向你完成支付所需要的平均时间。传统观点认为，这一时间越短越好，因为你能更快地收到现金。DRO= 应收账款 / 净销售额 × 360。

库存周转天数（Days Inventory Outstanding，DIO）表示货物作为库存保存的平均时间。它衡量的是货物的所有权从供应商转移到买方手中所需的平均时间。一般来说，DIO 越短越好，但是太短的话会对你满足客户需求的能力产生负面影响。DIO = 平均库存 / 主营业务成本 × 360。

应付账款周转天数（Days Payables Outstanding，DPO）表示支付账款的平均时间。它衡量的是从供应商的货物所有权转移开始，到供应商收到付款为止的平均时间。传统观点认为，这一时间越长越好，因为你持有现金的时间更长。DPO = 应付账款 / 主营业务成本 × 360。

现金周转周期（Cash Conversion Cycle，CCC）是衡量从公司运营活动中获取的持续流动资金的指标。它是一个强大的工具，能够通过跟踪供应链内的库存和付款周期有效地控制和管理物流与资金流。CCC 表示从为了获得原材料和零部件而支出现金到通过售出成品回收现金之间的平均净时间。在许多商业领域，拥有较短或负的 CCC 的公司被认为具有良好的营运资本管理能力。但是，这一数值在不同行业之间的比较通常没有意义，就好像设备供应商的 CCC 通常比快餐店的更长，而快餐店本质上有更快的库存周转速度。CCC 长意味着公司可能有大量的营运资本被占用，这意味着公司的营运资本无法用于增值。

现金周转周期也被称为现金循环周期（Cash-to-Cash，C2C），其计算方式是 DIO 与 DRO 之和减去 DPO，即 CCC= DIO + DRO – DPO。

营运资本 / 销售额（Working Capital / Sales）反映了公司在不增加负债的情况下，利用现有储备为额外的销售额（增长）提供融资的能力。通常来说，这一比率越高越好。

销售额 / 营运资本（Sales / Working Capital）：要想维持销售额，就要进行一定数量的现金投资；同时，公司必须对应收账款和存货进行投资，以冲销应付账款。

版 权 声 明